Georg Zepke

Lust auf qualitative Forschung!

Verlag: T.S.O. Texte zur Systemischen Organisationsforschung, Wien
Grafische Gestaltung: Nele Steinborn, Wien
Lektorat: Helmut Gutbrunner, Wien
Herstellung: BoD – Books on Demand, Noderstedt
ISBN: 978-3-9504160-0-8
www.organisationsforschung.at

Georg Zepke

Lust auf qualitative Forschung!

Eine Einführung für die Praxis

Inhalt

Einleitung

Im vorliegenden Einführungsband werden Sie eingeladen, sich mit qualitativen Forschungsstrategien zu befassen. Nach der Lektüre sollten Sie in der Lage sein, eine qualitative Studie – von der Konzeption über die Datenerhebung bis hin zur Auswertung – durchzuführen bzw. Klarheit darüber erlangt haben, an welchen Punkten Sie sich noch vertiefend mit der zugrunde gelegten Literatur befassen müssen.

Sie werden bei der Lektüre Erfahrungen mit einer Form der Forschung machen, die sehr nahe an alltäglichen Formen menschlicher Kommunikation angesiedelt ist:

> Sprechen und Hören (im Rahmen von Interviews),
> Schauen (im Rahmen der Teilnehmenden Beobachtung),
> Lesen und Reflektieren (im Rahmen der Auswertung und Interpretation).

Damit ist qualitative Forschung einerseits alltagsnäher und weniger abstrakt als manche anderen wissenschaftlichen Forschungszugänge. Andererseits ist die Grenze zwischen Alltagserkenntnis und Wissenschaft fließender, was zu Akzeptanzproblemen der qualitativen Forschung in der Wissenschaft führt.

Die Zielgruppe des Buches sind einerseits Studierende sozialwissenschaftlicher und betriebswirtschaftlicher, aber auch angrenzender Fächer, die in einem überschaubaren Rahmen erste Versuche mit qualitativen Methoden machen möchten. Andererseits richtet sich die Einführung aber auch an PraktikerInnen wie Personal- und OrganisationsentwicklerInnen, die in ihrem Berufsfeld qualitative Erhebungen durchführen wollen.

Im Buch werden immer wieder Praxisbeispiele aus meinen Forschungsprojekten angeführt. Da der Schwerpunkt meiner Arbeit[1] in der Organisationsforschung, insbesondere auch in der Evaluierung von Veränderungsprojekten in Unternehmen liegt, sind Beispiele aus diesem Bereich überrepräsentiert: Ich bin aber zuversichtlich, dass LeserInnen mit anderen thematischen Interessen die Praxisbeispiele auch gut auf ihren Bereich umlegen können.

In Abschnitt 1 werden Sie in die Grundlagen qualitativer Forschung und in deren spezifische Gütekriterien eingeführt. Hier ist der Theoriebezug am stärksten, wobei auch einige wissenschaftstheoretische Überlegungen enthalten sind. Es ist mir klar, dass praxisorientierte LeserInnen versucht sein

1 Im Kontext des Instituts für Systemische Organisationsforschung (I.S.O.) www.organisationsforschung.at

könnten, dieses Kapitel schnell zu überfliegen. Da aber viele praktische Fragen in den späteren Teilen des Buches viel besser zu verstehen sind, wenn die grundlegende Herangehensweise der qualitativen Forschung und die anzuwendenden Qualitätskriterien einmal gründlich durchgedacht wurden, möchte ich zu einer aufmerksame Lektüre auch dieses Kapitels anregen.

Abschnitt 2 stellt das Prozessverständnis von qualitativer Forschung dar und bietet einen idealtypischen Ablauf eines Forschungsprozesses an. In diesem Kapitel werden die ersten planerischen Entscheidungen wie Zielfestlegung und Grobplanung, insbesondere die Auswahl von passenden „Forschungsobjekten" (Samplingstrategie), erläutert.

In Abschnitt 3 werden die wichtigsten qualitativen Erhebungsverfahren, nämlich Einzel- und Gruppeninterviews, Beobachtungsverfahren sowie „nonreaktive Verfahren" (Dokumentenanalyse) vorgestellt. Im Zentrum dabei steht die in der Sozialforschung am häufigsten angewandte Form: das Interview. Dabei werden auch einige in der Sozialforschung eher unübliche Fragetechniken, die aus der systemischen Beratung kommen, hinsichtlich ihrer Nützlichkeit für Interviews in der Sozialforschung diskutiert.

Praktische Anwendungsprobleme der Datensicherung werden im kurzen Abschnitt 4 diskutiert.

Wie mit qualitativen Daten dann konkret auswertend umzugehen ist, lässt sich aus der Fachliteratur oft nur schwer ableiten. Qualitativen Auswertungsverfahren haftet oft der Nimbus des Geheimnisvollen und Mysteriösen an. In Abschnitt 5 werden Ihnen zwei verbreitete und sich in wesentlichen konzeptionellen und praktischen Aspekten deutlich unterscheidende Ansätze (Qualitative Inhaltsanalyse und Grounded Theory) exemplarisch vorgestellt.

Daran anschließend wird ein mögliches praxisnahes und pragmatisches Vorgehen der Auswertung („eklektische Auswertung") skizziert (Abschnitt 6). Gerade dieser Abschnitt ist oft für Studierende, die sich unsicher fühlen, wie sie nun ganz konkret das erhobene Datenmaterial auswerten sollen, hilfreich. Dabei soll kein neuer, in sich geschlossener Ansatz vorgestellt werden. Vielmehr sollen die LeserInnen ermutigt werden, sich bei der Suche nach einer zum Forschungsgegenstand passenden Auswertungsstrategie verschiedener Konzepte, Ansätze und Stile zu bedienen („Eklektizismus").

Nach einigen Hinweisen auf die oft unterschätzten Herausforderungen beim Abschließen des Forschungsprozesses (Abschnitt 7) folgen in Abschnitt 8 noch einige abschließende Gedanken.

Der Aufbau des Buches folgt einer an pragmatischen Anforderungen orientierten Systematik, was der prozesshaften und reflexiven Anlage von qualitativer Forschung nur beschränkt entspricht. Denn qualitativ forschen heißt auch, sich auf eine gewisse Forschungslogik, auf einen offenen Prozess mit letztlich ungewissem Ausgang und auf ein zuweilen mühevolles Ringen um ein angemessenes Verständnis des Forschungsgegenstandes einzulassen. Dennoch ist eine „Schritt auf Schritt"-Abfolge ein hilfreicher Orientierungsrahmen, der es – speziell bei der ersten Befassung mit qualitativer Forschungspraxis – erleichtert sich zurechtzufinden und eine passende Forschungsstrategie, die zum Forschungsgegenstand, aber auch zum eigenen Forschungsstil passt, zu entwickeln.

ExpertInnen der qualitativen Forschung werden möglicherweise die Kürze und Saloppheit mancher Darstellungen kritisieren. Dazu ist zu sagen, dass der vorliegende schmale Band die Befassung mit vertiefender Literatur zu einzelnen Ansätzen natürlich nicht ersetzen kann, wenn es um wissenschaftliche Arbeiten geht (Masterarbeiten, Doktorarbeiten etc.). Als gute Grundlage für eine eingehendere Auseinandersetzung möchte ich daher etwa folgende Bücher empfehlen: Flick (2009), Flick, Kardorff & Steinke (2009), Kühl & Strodtholz (2002), Lamnek (2005), Mayring (2002), Mey & Mruck (2010), Przyborski & Wohlrab-Sahr (2010).

Das Anliegen des vorliegenden Bandes ist, einen knappen Überblick über die Grundlogik von qualitativer Forschung zu geben, es will ermutigen, Verfahren auszuprobieren, und Wege zeigen, wie auch mit einem überschaubaren Aufwand sinnvolle qualitative Forschungsbeiträge entwickelt werden können.

Ich hoffe, es gelingt mit dieser Einführung, Lust auf qualitative Forschung zu wecken und Sie zu ermutigen, neugierig und mit einem gewissen hemdsärmeligen Pragmatismus an diese Forschungsmethode heranzugehen, ohne dabei den Respekt vor dem wissenschaftlichen Arbeiten zu verlieren.

Ich wünsche Ihnen eine inspirierende Befassung mit der Thematik!

1 Grundlagen der qualitativen Forschung

1 Geschichtliche Entwicklung

Die Wurzeln der qualitativen Forschung lassen sich letztlich bis zu Aristoteles (384–322 v. Chr.) zurückverfolgen, der die Induktion (die Ableitung des Allgemeinen aus dem Besonderen) als gleichberechtigtes und sinnvolles Vorgehen der Erkenntnisgewinnung gegenüber der Deduktion (der Ableitung des Besonderen aus dem Allgemeinen) erlaubt und dem die Idee der Erkenntnisgewinnung durch Einzelfallanalysen zugeschrieben werden kann.

Spätestens seit der Aufklärung hat sich allerdings die rein deduktive Logik, die Suche nach Kausalerklärungen auf Basis allgemein gültiger Naturgesetze, durchgesetzt.

Auch die Sozialwissenschaften versuchten sich an dem Ideal und dem Paradigma naturwissenschaftlicher Erkenntnisgewinnung zu orientieren. Dabei ist in der Geschichte der Fachdisziplin Psychologie eine wissenschaftsgeschichtlich wesentliche Entscheidung gefällt worden: Indem die Psychologie sich als eigenständige Disziplin etablierte, grenzte sie sich sehr stark von den Geisteswissenschaften – insbesondere von der Philosophie – ab und betonte als Wissenschaft lange Zeit ein an den Naturwissenschaften angelehntes, rein quantitativ forschendes Vorgehen. Das führte dazu, dass erst seit den späten Achtzigerjahren qualitative Methoden auch in der Psychologie diskutiert wurden und zunehmend auch einen eigenständigen Stellenwert im wissenschaftlichen Methodenkanon erhielten. Auch wenn die Bedeutung qualitativer Methoden in der Arbeitspraxis sehr hoch ist – dieselbe wissenschaftliche Akzeptanz wie quantitatives Vorgehen genießen sie dennoch nicht. Das ist im Übrigen in der Soziologie, die weitaus länger sowohl qualitative als auch quantitative Methoden, Denktraditionen und Schulen hervorgebracht hat, anders. Dort ist das Spannungsfeld zwischen quantitativ orientierter empirischer Sozialforschung und eher geisteswissenschaftlich orientierter qualitativer Forschung präsenter. Auch wenn es hier kontroverselle Diskussionen zwischen den Denkrichtungen gibt, ist qualitative Forschung wissenschaftlich durchaus „salonfähig".

Nicht zuletzt durch die wachsende Bedeutung des Themas „Evaluation" wurde die Methodendiskussion wieder belebt und gleichzeitig auch pragmatischer und weniger ideologisch geführt. Gerade in der Praxis wurde schnell deutlich, dass für unterschiedliche Fragen unterschiedliche methodische Zugänge notwendig sind. Auch in der Marktforschung besteht eine lange Tradition an produktivem, pragmatischem Nebeneinander von breit angelegten quantitativen Studien und qualitativen Vorgehensweisen (etwa bei der Motivforschung).

2 Grundelemente qualitativer Forschung

Um qualitative Forschung zu betreiben, ist es wichtig, die Besonderheit von qualitativer Forschung zu verstehen. Diese erschöpft sich nicht in einer einfachen methodischen Andersartigkeit (etwa in der Frage, ob man nun einen Fragebogen verwendet oder ein Interview führt). Qualitative Forschung unterscheidet sich von quantitativen Zugängen durch ein anderes Wissenschaftsverständnis und einen grundsätzlich anderen Zugang zum Forschungsgegenstand. Auch wenn hier zunehmend ein pragmatischerer Umgang zwischen den beiden Zugängen besteht, erschweren diese letztlich erkenntnistheoretischen Unterschiede die Kommunikation zwischen den beiden Ansätzen.
Folgende Charakteristika lassen sich für qualitative Forschung formulieren:

2.1 Prinzip der Offenheit

Während das typische Vorgehen in klassischen empirischen Studien darin besteht, Hypothesen im Vorfeld theoriebasiert zu formulieren und diese dann in der Empirie auf ihre Richtigkeit hin zu überprüfen, ist der Zugang von qualitativen ForscherInnen in der Regel durch eine größere Offenheit gekennzeichnet. Sie gehen von der Grundannahme aus, dass komplexe Phänomene erst verstanden und ausgeleuchtet werden müssen und dass sie nicht durch von außen herangetragene Theorien „schubladisiert" werden können. Dementsprechend ist das Verhältnis qualitativer ForscherInnen gegenüber ihren Forschungsgegenständen in der Regel „demütiger". Es wird versucht, Phänomene von innen heraus zu verstehen und sich auf Überraschungen und unvorhersehbare Gesichtspunkte, die erst im Laufe des Feldkontaktes deutlich werden, einzulassen. Die methodische Anlage von qualitativen Forschungsprojekten ist deswegen offener und flexibler.

Qualitative Forschung dient also in aller Regel nicht der Hypothesenprüfung, sondern der Hypothesengenerierung. Es werden nicht vorab formulierte Hypothesen hinsichtlich ihres Zutreffens in der Empirie überprüft – das geht mit großen Stichproben und quantitativen Designs besser –, sondern im Gegenteil: das Endergebnis einer qualitativen Untersuchung können ausdifferenzierte, aus der Empirie abgeleitete Hypothesen sein.

Der Forschungsprozess muss so offen dem Gegenstand gegenüber gehalten werden, dass Revisionen der Vorannahmen und Methoden laufend möglich sind, wenn der Gegenstand dies erfordert (Mayring 2002, S. 28).

Barney Glaser (gem. mit Anselm Strauss Mitbegründer der Grounded Theory, vgl. Abschnitt 5, Punkt 2) postuliert sogar einen „theoriefreien Zugang" ins Feld. Es soll mit möglichst unvoreingenommenem Blick und ohne theoretisches Vorverständnis versucht werden, das Phänomen in seiner Eigenlogik zu verstehen. Allerdings ist hier einzuwenden, dass echte „Theoriefreiheit" nicht möglich ist, da ForscherInnen immer ein theoretisches Vorverständnis haben und es vielmehr darum geht, mit diesem bewusst umzugehen und es dem Gegenstand nicht unreflektiert überzustülpen.

2.2 Zurückhaltung bezüglich Universalitätsansprüchen und Orientierung an Einzelfällen

In den postmodernen Beschreibungen von Gesellschaft besteht eine wachsende Skepsis gegenüber „großen Erzählungen", also gegenüber umfassenden Welterklärungsentwürfen mit Universalitätsanspruch. Aber auch die wachsende Dynamisierung und Beschleunigung der Gesellschaft und der technischen Entwicklungen machen deutlich, dass Erklärungsmodelle nur mehr selten von unbegrenzter Geltungsdauer sind.

In der qualitativen Forschung wird daher eher versucht, lokal gültige Theorien, die keinen universellen Geltungsanspruch haben, die aber praktische Erkenntnisse in einem spezifischen Kontext ermöglichen, zu entwickeln. Qualitative Forschung versucht eher in die Tiefe zu gehen und „empirisch begründete Formulierungen von subjekt- und situationsspezifischen Aussagen" (Flick 2009, S. 26) zu machen. So haben auch Einzelfallanalysen einen vergleichsweise hohen Stellwert.

Während der an naturwissenschaftlichen Paradigmen angelegte Forschungszugang zwar zu verallgemeinerbaren Erkenntnissen führen kann, ist für diesen Erkenntnisfortschritt allerdings oft ein hoher Preis zu zahlen: Die Komplexität des Untersuchungsgegenstandes wird den Forschungsmethoden untergeordnet und damit in eine Form gebracht, in der die empirische formale Richtigkeit mit einer Trivialisierung des Forschungsgegenstandes erkauft wird. Demgegenüber kommt der subjektiven Perspektive der Beteiligten bei der qualitativen Forschung ein besonders hoher Stellenwert zu. Häufig geht es darum, die subjektiven Theorien von Personen zu einer Frage oder einem Forschungsgegenstand in all ihrer Widersprüchlichkeit und Komplexität vertiefend auszuleuchten.

Gleichzeitig wird auch in der qualitativen Forschung immer versucht werden, verallgemeinerbare Hypothesen und Erkenntnisse aus den Einzelfällen abzuleiten und als Erklärungsmuster anzubieten (Induktion). Es wird davon ausgegangen, dass sich im Einzelfall oft verallgemeinerbare Strukturen und Erkenntnisse manifestieren.

Qualitative Einzelfallanalysen können aber etwa auch zur Überprüfung von Allgemeingültigkeit beanspruchenden Theorien herangezogen werden. Sie können als Korrektiv verwendet werden oder dazu, Theorien auszudifferenzieren und zu verfeinern.

2.3 Gegenstandsangemessenheit von Methoden und Theorien

Bei komplexen Gegenständen ist es zuweilen nicht sinnvoll oder überhaupt möglich, einzelne Variable so zu isolieren, wie es für eine klassisch angelegte hypothesenprüfende Untersuchung nötig wäre. Dadurch würde es der Komplexität und zum Teil auch der Widersprüchlichkeit des Gegenstandes nicht gerecht. Hier kritisieren qualitative ForscherInnen, dass in der klassischen empirischen Sozialforschung oft der Untersuchungsgegenstand der Methode angepasst wird und nicht umgekehrt die Methode dem Untersuchungsgegenstand. Deswegen wird dafür plädiert, je nach Gegenstand und Fragestellung zu überlegen, welches methodische Vorgehen passend erscheint.

2.4 ForscherIn als Teil des Interaktionsfeldes

Der an naturwissenschaftlichen Paradigmen orientierte sozialforscherische Zugang versucht, ForscherInnen als möglichst objektiv außen stehend, den Forschungsgegenstand nicht beeinflussend zu konzipieren (Gütekriterium der Objektivität). So plausibel das auch erscheinen mag, ist es dennoch unübersehbar, dass die Beziehung zwischen Forschung und Forschungsgegenstand in der Sozialforschung, wo die Gegenstände Personen oder soziale Systeme sind, eine Interaktion ist.

Während einfache naturwissenschaftliche Messvorgänge, wie etwa das Messen der Temperatur mit einem Thermometer, das Forschungsobjekt nicht – oder nur minimal – beeinflussen, ist das Messen in den Sozialwissenschaften weitaus komplexer: Der „Forschungsgegenstand" denkt über das Befragte nach und verändert vielleicht dadurch seine Einstellung, er reflektiert und interpretiert die Erhebungssituation und verhält sich dementsprechend unterschiedlich etc.

In der qualitativen Forschung wird versucht, diese Interaktion zwischen ForscherInnen und Beforschten offensiv zu nutzen und die Kommunikation und Interaktion zwischen ihnen nicht als Störvariable zu begreifen, sondern mitzureflektieren. Forschung ist damit auch immer eine Intervention in ein Praxisfeld. Indem Interviews oder Gruppendiskussionen geführt werden, verändern sich die beteiligten Subjekte in ihrer Einstellung und ihren Wahrnehmungen. Diesen Veränderungsprozess gilt es in der qualitativen Sozialforschung aktiv aufzugreifen und in der Anlage zu nutzen.

Deswegen sind in der qualitativen Forschung soziale Kompetenzen noch weitaus wichtiger als bei quantitativen Forschungsstrategien, da die Gestaltung von sozialen Prozessen, die Moderation von Gesprächen – hier in der Datenerhebung, aber auch etwa bei Ergebnisrückkoppelungen –, kommunikative Validierung etc. von hoher Bedeutung sind.

Wenn ForscherInnen nicht als objektiv außen stehend verstanden werden, können auch ihre Emotionen und Befindlichkeiten, die der Forschungsgegenstand bei ihnen auslöst, eine Bedeutung erhalten. George Devereux beschreibt in seinem Klassiker „Angst und Methode in den Verhaltensschaften" (Devereux 1984) die hohe Bedeutung von Emotionen, die Forschungsgegenstände bei ForscherInnen auslösen, und macht deutlich, dass viele wissenschaftliche Techniken und Methoden häufig primär die latente Funktion der Angstabwehr der ForscherInnen erfüllen. Das heißt, dass distanzierende Methoden angewandt werden, die es ForscherInnen ermöglichen, nicht von den Gefühlen, die ein Forschungsgegenstand bei ihnen auslöst, berührt zu werden. Gerade bei Forschungsthemen wie Prekarisierung, Geschlechtsunterschiede, Diversity etc. können auch persönliche Themen berührt und Emotionen mobilisiert werden. Ein Forschungsverständnis, das Emotionalität bei ForscherInnen tabuisiert, führt dazu, dass diese Affekte andere, unbewusste Kanäle finden müssen, um sich auszudrücken. Sinnvoller, wissenschaftlich redlicher und produktiver ist es daher, im Forschungsprozess Orte einzurichten, wo die Emotionalität der ForscherInnen thematisiert und reflektiert wird.

2.5 Konstruktivistischer Zugang

Bei der konstruktivistischen Herangehensweise (etwa Foerster 1999) wird davon ausgegangen, dass wir die Realität nicht objektiv erkennen können, sondern uns letztlich subjektive Konstruktionen von der Realität machen. In qualitativen Forschungsprozessen wird versucht, diese individuellen Konstruktionen nachzuvollziehen. Die ForscherInnen versuchen, die Welt aus der Perspektive des Subjekts zu sehen und mit Neugierde und Akzeptanz deren Gegenstandskonstruktionen besser kennen zu lernen.

Das Ergebnis von qualitativer Forschung ist insofern nicht „Wahrheit", sondern eine „dichte Beschreibung" von unterschiedlichen Realitätskonstruktionen. Hier gilt es nicht, *eine* richtige Realitätsbeschreibung zu begründen, sondern Unterschiede in den Realitätsbeschreibungen deutlich zu machen.

Im Rahmen einer Analyse der Führungskultur eines Unternehmens etwa werden die unterschiedlichen Bewertungen und Wahrnehmungen von Führungskräften auf verschiedenen Hierarchieebenen und MitarbeiterInnen ohne Führungsfunktion erhoben und in der Auswertung hinsichtlich Gemeinsamkeiten v. a. aber auch Unterschieden in der Beschreibung einander gegenübergestellt. Der Erkenntnisgewinn liegt v. a. in einer Ausdifferenzierung des Realitätsverständnisses.

2.6 Texte als Grundmaterial

Eine augenfällige Besonderheit qualitativer Forschung ist, dass das Grunddatenmaterial, auf das es sich beruft, in aller Regel Texte (z. B. Interviewtranskripte, Beobachtungsprotokolle etc.) sind. Uwe Flick beschreibt den qualitativen Forschungsprozess als einen Weg von der Theorie zum Text und wieder zurück (Flick 2009): Auf Basis eines theoretischen Vorverständnisses werden Interviews geführt und die Interviewtranskripte dann interpretativ ausgewertet und wieder zu neuen, differenzierteren Theorien verdichtet. Der Umgang mit Texten erfordert eine andere Form von wissenschaftlicher Professionalität als der Umgang mit Zahlenmaterial. Während bei Letzterem methodische Exaktheit und richtige Anwendung der passenden Rechenoperationen im Vordergrund stehen, bilden Sprachgefühl und Interpretationsgeschick bei der wissenschaftlichen Arbeit mit Texten das Zentrum.

Sprache ist eher in der Lage, komplexe Zusammenhänge darzustellen. In der qualitativen Forschung wird versucht, auch dem Auswerten dieser Komplexität Rechnung zu tragen und die Daten nicht etwa auf das Auszählen der Häufigkeit bestimmter Aussagen zu reduzieren. Gleichzeitig haben Texte immer eine gewisse Mehrdeutigkeit; während bei quantitativen Verfahren die Mehrdeutigkeit des Phänomens durch gut überlegte Operationalisierungen geeigneter Indikatoren vor der Untersuchung auszuschließen versucht wird, gilt es bei qualitativen Forschungsstrategien, diese Mehrdeutigkeit im ersten

Schritt – der Erhebung – bewusst zuzulassen, um dieses umfangreiche und komplexe Datenmaterial dann erst im Rahmen der Auswertung systematisch zu verdichten.

3 Gütekriterien qualitativer Forschung

Ein wesentlicher Faktor empirischer Forschung ist die Einschätzung der Ergebnisse auf Basis von Gütekriterien, um sicherzustellen, dass die Ergebnisse eines Forschungsprozesses bestimmten Qualitätskriterien entsprechen und damit für sich beanspruchen können, verallgemeinerbare Erkenntnisse zum Vorschein gebracht zu haben. Gütekriterien sind Maßstäbe, mit denen die Qualität der Forschungsergebnisse überprüft werden kann. Dabei sind in der Sozialforschung drei Gütekriterien zentral:

> Objektivität (ist ein Ergebnis, das von den ForscherInnen, d. h. von denjenigen, die einen Fragebogen vorgeben, auswerten und interpretieren, unabhängig ist) sowie
> Validität (bestimmt, ob bei der Messung auch das gemessen wurde, was gemessen werden sollte) und
> Reliabilität (Genauigkeit eines Messergebnisses, Exaktheit, mit dem das geprüfte Merkmal gemessen wird).

Es zeigt sich allerdings, dass die Gütekriterien der quantitativen Forschung auf qualitative Forschungsprozesse nur bedingt anwendbar sind, da sie für andere Methoden, die auf anderen Methodologien basieren, beruhen. Sie stellen zwar eine wichtige Anregung für die Formulierung qualitativer Kriterien dar, sind aber nicht eins zu eins zu übernehmen.

Die Andersartigkeit qualitativer Forschungsdaten lässt sich etwa am Gütekriterium der Reliabilität gut veranschaulichen: Ein häufiges Vorgehen, Reliabilität im Zuge von Fragebogeninstrumententwicklungen zu überprüfen, besteht darin zu untersuchen, ob beliebig häufige Wiederholungen zum selben Ergebnis kommen („Retest-Reliabilität"). Während dies bei der Messung von naturwissenschaftlichen Gegebenheiten (Wie genau misst ein neuer Thermometer die Temperatur?), aber auch bei der Messung von als konstant angenommenen Persönlichkeitsfaktoren möglich ist, wäre es eher suspekt und problematisch, wenn sich bei einer erneuten Durchführung eines Interviews exakt dieselben Einschätzungen, Geschichten oder Narrationen ergeben würden. In der qualitativen Forschung wäre das vielmehr ein Indikator dafür, dass sozial erwünscht geantwortet wurde bzw. bewusst eine spezielle Version einer Geschichte erzählt wurde. In der qualitativen Forschung dagegen ist davon auszugehen, dass sich der Untersuchungsgegenstand häufig dynamisch verändert – nicht zuletzt auch durch den Eingriff der ForscherInnen. Nach einem Interview werden die Befragten häufig ihre Einschätzung anders – möglicherweise differenzierter und nuancenreicher – sehen als davor. Die Messung selbst als Reflexionsimpuls verändert den Gegenstand und das Datenmaterial, wodurch sich ein eng gefasstes Reliabilitätsverständnis ad absurdum führt. Andere, für Fragebögen sinnvolle Varianten wie die Prüfung der internen Konsistenz der einzelnen Items oder Split-Half-Reliabilitätsprüfungen sind für qualitatives Datenmaterial ebenfalls augenfällig ungeeignet.

Dennoch: Gerade qualitative Forschung braucht Bewertungskriterien, die den LeserInnen der Ergebnisse qualitativer Forschung und der Scientific Community die Möglichkeit geben sollen, ihre Geltungsbegründung zu bewerten, sowie um sicherzustellen, dass nicht Beliebigkeit und Willkür in der qualitativen Forschung vorherrschen.

Deshalb wurden eigene Kriterienkataloge für die Qualität qualitativer Forschung, die deren Besonderheit Rechnung tragen, entwickelt. Letztlich können sich die Kriterien entweder auf die formale Richtigkeit und Nachvollziehbarkeit des Forschungsprozesses (wurden die Methoden korrekt angewendet) oder auf die Qualität der Ergebnisse (Erkenntniswert, Neuigkeitswert) beziehen. Ergänzend zu diesen Gütekriterien für die gesamte qualitative Forschung wird diskutiert, ob spezifische Ansätze auch spezifische Gütekriterien brauchen, d. h. ob etwa bei einer teilnehmenden Beobachtung auf andere Qualitätsfaktoren geachtet werden muss als beim Führen eines Einzelinterviews.

Verschiedene AutorInnen schlagen hier Gütekriterien nach verschiedenen Ordnungslogiken vor (etwa Mayring 2002, Flick 2009, Lamnek 2005, Steinke 2009). Als häufig genannte Kernkriterien qualitativer Forschung werden folgende Punkte vorgeschlagen:

3.1 Prozessdokumentation und Regelgeleitetheit als Basis intersubjektiver Nachvollziehbarkeit

Von besonders hoher Bedeutung in der qualitativen Sozialforschung sind die sorgfältige Dokumentation des Forschungsprozesses und ein sehr offensives „Transparentmachen" forschungsrelevanter Aspekte wie z. B.

> das theoretisches Vorverständnis,

- die Auswahl der Erhebungsmethode,
- der Erhebungskontext,
- die verwendeten Transkriptionsregeln,
- Überlegungen zur Auswahl der Auswertungsmethoden und
- die Samplingstrategie.

Nur so kann das Vorgehen auf seine Plausibilität hin reflektiert werden.

Die praktische Herausforderung besteht dabei darin, nichts zu beschönigen sowie Unklarheiten und Schwierigkeiten im Forschungsprozess nicht zu glätten und zu verschleiern. So selbstverständlich das erscheint, widerspricht es doch unserer fehlerfeindlichen Sozialisation (auch in den Wissenschaften), aber auch den marktwirtschaftlichen Anforderungen des „Marketings" der Forschungsergebnisse.

3.2 Argumentative Interpretationsabsicherung

Da qualitative Forschung sich nicht alleine mit der Darstellung der Aussagen begnügt, sondern diese auch interpretiert, ist es hier bedeutsam, diese Interpretationen nachvollziehbar zu machen. Da Interpretationen anders als Rechenoperationen nicht durch Nachrechnen überprüfbar sind, müssen sie mit Hilfe nachvollziehbarer Argumente abgesichert werden.

Für die LeserInnen sollen die Interpretationen nachvollziehbar und schlüssig sein, sie sollen nicht einfach als von außen gesetzt wahrgenommen werden und sie sollen auch hinterfragt werden können. Bei den Interpretationen ist es besonders wichtig, dass immer überprüfbar ist, was Aussagen der Befragten sind und wann die Interpretation des Forschers/der Forscherin einsetzt.

Damit wird aber auch deutlich: die Qualität einer Interpretation steht und fällt mit dem Kenntnisreichtum, der Originalität und der Erfahrung der Auswertenden, also letztlich sehr subjektiven Faktoren. Diese werden in der amerikanischen Literatur auch als Connoisseurship (Eisner 1991), d. h. als „Kennerschaft" im Sinne des Connaisseurs, des Feinschmeckers, Weinkenners, des in der Kunst Bewanderten etc., bezeichnet.

Während bei quantitativen Studien eine formal richtige Methodenanwendung und Berechnung schon zu durchaus interessanten Ergebnissen führen kann (wobei auch hier die kluge Interpretation und Verknüpfung der Ergebnisse letztlich qualitätsentscheidend ist), müssen die Ergebnisse bei qualitativer Forschung erst interpretativ erschlossen werden – d. h. dass der subjektive Faktor der Interpretation von qualitativen Ergebnissen nicht eliminiert werden kann (was im Übrigen auch gar nicht wünschenswert wäre), dieser aber transparent und nachvollziehbar gemacht werden muss.

3.3 Kommunikative Validierung

Angeregt durch das klassische Gütekriterium der Validierung wird in qualitativen Forschungsprozessen häufig das Ergebnis der Forschung durch kommunikative Validierungsschritte überprüft, d. h. die Ergebnisse werden den untersuchten Subjekten nach erfolgter Auswertung wieder rückgemeldet. Die Befragten können hier ihre inhaltliche Zustimmung zur Strukturierung und Interpretation der ForscherInnen geben bzw. deren Interpretationen ausdifferenzieren oder aber sie auch zurückweisen. Die Form der kommunikativen Validierung hat neben einer Erhöhung der Qualität der Daten auch den großen Vorteil, dass dadurch die – auch aus wissenschaftsethischen Überlegungen – bedeutsame Frage der Rückmeldung der Ergebnisse an die Betroffenen sichergestellt werden kann.

Letztlich zielt dieses Verfahren darauf ab zu überprüfen, inwieweit die Konstruktionen der ForscherInnen mit den Konstruktionen der Beforschten übereinstimmen und wie sehr sie wechselseitig füreinander nachvollziehbar sind. Kommunikative Validierungssettings funktionieren dann gut, wenn ForscherInnen und Forschungssubjekte einander „auf Augenhöhe" begegnen. Dafür ist seitens der ForscherInnen einiges an Moderationserfahrung nötig, die sich vor allem darin zeigt, dass ForscherInnen ihre Ergebnisse nicht zu rechtfertigen oder missionarisch für die „Wahrheit" der Ergebnisse zu kämpfen suchen. Stattdessen soll sensibel und selbstkritisch geprüft werden, welche Einwände der Befragten berechtigt sind, und wenn der Eindruck entsteht, dass die Ergebnisse aufgrund ihrer Brisanz auf Ablehnung stoßen, muss der Widerstand ernst genommen werden, ohne dabei die eigenen Sichtweisen zu relativieren.

Ein mit der kommunikativen Validierung verknüpftes Problem besteht darin, dass bei Interpretationen, die sich auf latente Inhalte, also auch individuell oder kollektiv unbewusste Phänomene, beziehen, eine Abwehr der Interpretation durch die Befragten durchaus möglich ist, obwohl oder gerade weil die Deutung möglicherweise richtig ist. Hier zwischen legitimer Zurückweisung von Fehl- oder Überinterpretationen durch die ForscherInnen und Abwehrmechanismen der PraktikerInnen gegenüber unbequemen und ausgeblendeten Wahrheiten unterscheiden zu können, ist methodisch nicht eindeutig lösbar.

Kriterium dabei ist die Kategorie der „Plausibilität": Handelt es sich dabei um eine plausible und nachvollziehbare Korrektur, sollte die Anregung selbstverständlich übernommen werden. Scheint der Korrekturwunsch dagegen gerade darauf zu basieren, dass das Ergebnis zwar richtig, für einen Teil der Betroffenen aber unangenehm ist, gilt es diese Vermutung direkt zu äußern und die Punkte, wo keine Übereinstimmung in der Interpretation zwischen ForscherInnen und Stakeholdern erzielt wurde, herauszuarbeiten.

3.4 Einrichtung von Selbstreflexionssettings

Da in der qualitativen Forschung der Person des Forschers/der Forscherin sowie deren Subjektivität und deren Professionalität bei der Auswertung des Datenmaterials ein besonders hoher Stellenwert zukommt, ist es auch wichtig, Strukturen einzurichten, in denen Selbstreflexion über den Forschungsprozess möglich ist.

Dabei gilt es, im Forschungsteam die Resonanzen des Forschungsprojekts auszuleuchten: Die Erfahrungen und Empfindungen der ForscherInnen bilden eine wichtige Grundbasis für erste Hypothesen. Vorhypothesen, Empfindungen, Sympathien, Ängste und Identifikationen mit einzelnen Perspektiven durch die WissenschaftlerInnen spielen in Forschungsprojekten immer eine Rolle (Devereux 1984). Entscheidend ist nun aber, diese Empfindungen zu reflektieren, transparent zu machen und zu nutzen, anstatt sie zu verleugnen und sich damit u. U. erst recht von ihnen auf einer unbewussten Ebene treiben zu lassen. Damit stellen Gegenübertragungsphänomene[2] und die kritische Beobachtung eigener Reaktionen und Emotionen bei den ForscherInnen ein zentrales empirisches Material der qualitativen Forschung dar. Um dabei die eigenen Muster konstruktiv nutzen zu können, sind ein systematischer Austausch mit KollegInnen sowie im Idealfall externe moderierende Begleitung und gelegentliche supervisorische Sequenzen von großer Bedeutung.

Um das sicherzustellen, bedarf es einer Auszeit aus dem operativen Druck des Arbeitsalltags, die es ermöglicht, implizite Grundannahmen und vermeintlich Selbstverständliches in Frage zu stellen und „blinde Flecken" im Forschungsprozess auszuleuchten.

2 Übertragung ist das Erleben von Gefühlen und Haltungen gegenüber Personen, deren Ursprung in der Beziehung zu wichtigen Personen der frühen Kindheit zurückgeht und die unbewusst auf aktuelle InteraktionspartnerInnen „übertragen" werden. Der Begriff Gegenübertragung stammt aus der Psychoanalyse und bezieht sich auf das komplementäre Phänomen seitens des Therapeuten, hier seitens des Forschers/der Forscherin.

Nicht zuletzt können in diesem Rahmen auch die Interviewsituationen hinsichtlich der Frage, ob die InterviewpartnerInnen Anlass hatten, Aussagen zu machen, die sich nicht oder nur beschränkt mit ihrer tatsächlichen Einschätzung decken (etwa aufgrund von Suggestivfragen seitens der InterviewerInnen), analysiert werden.

Um die eigenen subjektiven Präferenzen reflektierbar zu machen, können folgende Fragen hilfreich sein:

> „Welche Ergebnisse möchten Sie gerne erhalten und wie sehr wünschen Sie sich das?
> Welche Methoden mögen Sie gerne und welche gar nicht und warum ist das so?
> Welche theoretischen Modelle sprechen Sie an und welche stoßen Sie ab?
> Wann und wo reagieren Sie irritiert auf Ihren Forschungsgegenstand und fühlen sich unbehaglich?" (Hug & Poscheschnik 2010, S. 96)

3.5 Triangulation

Mit diesem in der qualitativen Forschung wesentlichen Begriff wird „die Kombination verschiedener Methoden, verschiedener Forscher, Untersuchungsgruppen, lokaler und zeitlicher Settings sowie unterschiedlicher theoretischer Perspektiven in der Auseinandersetzung mit einem Phänomen" (Flick 2009, S. 519) bezeichnet.

Häufig wird das beforschte Phänomen unter Einbeziehung folgender Perspektiven „trianguliert":

> **Methodische Triangulierung:** Hier werden verschiedene qualitative Methoden miteinander oder aber auch qualitative und quantitative Methoden kombiniert.
> **Forschertriangulierung:** Dabei werden verschiedene BeobachterInnen und InterviewerInnen sowie AuswerterInnen eingesetzt. Es geht dabei aber nicht um eine einfache Arbeitsteilung, sondern um den systematischen Vergleich des Einflusses verschiedener ForscherInnen auf den Untersuchungsgegenstand und die erhaltenen Resultate.

Einerseits stellt das Triangulierungsverfahren einen beträchtlichen Zusatzaufwand dar, der in der Praxis allerdings oft gar nicht so schwierig umzusetzen ist: Oft ergibt es sich aus der Sache selbst, dass etwa eine breite Fragebogenerhebung mit vertiefenden Interviews verknüpft wird oder mehrere Forscher-

Innen beim Projekt beteiligt sind. Dabei gilt es aber darauf zu achten, dass die verschiedenen Vorgehensweisen nicht nur nebeneinandergestellt, sondern aufeinander bezogen werden und Unterschiede und Widersprüche in den Ergebnissen aktiv ausgeleuchtet werden.

Zusammenfassend lässt sich feststellen, dass Gütekriterien in der qualitativen Forschung einen hohen Stellewert haben und qualitätsentscheidend sind. Gleichwohl können sie aber das Legitimationsdilemma von qualitativer Forschung nicht auflösen, da sie letztlich – konsequent mit der Methode selbst korrespondierend – in erster Linie auf Reflexion, Argumentation und diskursivem Aushandeln beruhen. Dieselbe Sicherheit und Ambivalenzfreiheit, die in Zahlen darstellbare Ergebnisse vermitteln, kann qualitative Forschung auch unter Einbeziehung von Gütekriterien nicht erzielen.

2 Idealtypischer Ablauf qualitativer Forschung

Im Folgenden wird ein idealtypischer Ablauf eines qualitativen Forschungsvorhabens – von der Planung über die Durchführung und Auswertung bis hin zur Rückkoppelung – beschrieben.

Der Phasenplan dient als Orientierung für die Inhalte der folgenden Kapitel.

Idealtypischer Ablauf qualitativer Forschung

> Forschungs-, Studien-, Erhebungsfragen und -ziele festlegen (Abschnitt 2, Punkt 1)
> Festlegen der Gesamtforschungsstrategie und Grobplanung; Sampling (Abschnitt 2, Punkt 2)
> Auswahl der Erhebungsinstrumente und Instrumentenentwicklung und Durchführen der Erhebung (Abschnitt 3)
> Sicherung der Daten (Abschnitt 4)
> Auswertung: Strukturierung und Interpretation des Datenmaterials (Abschnitt 5 und 6)
> Forschung abschließen und wirksam machen (Abschnitt 7)

Dieses Vorgehen dient als Orientierung und Checkliste. Gleichzeitig gilt es aber zu beachten, dass im qualitativen Vorgehen ein streng lineares und sequenzielles Vorgehen nicht ratsam ist. Während quantitative Forschungs- und Datenerhebungsstrategien meist auf einem gut durchdachten Forschungsdesign, das dann möglichst genau und ohne Abweichungen umzusetzen ist, basieren, ist es bei qualitativen Projekten häufig so, dass sich Forschungsfragen und Erhebungsrichtungen im Zuge des Forschungsprozesses verfeinern, mitunter aber auch verändern können. Neue überraschende Aspekte, die weitere Erhebungsschritte ratsam erscheinen lassen, können zum Vorschein kommen, oder einzelne Gesichtspunkte bieten sich an, stärker oder möglicherweise auch weniger stark, als ursprünglich intendiert, ausgeleuchtet zu werden. Neue, unvorhergesehene Aspekte und Überraschungen werden nicht als Störvariable eliminiert, sondern aktiv im Erkenntnisprozess genutzt. Der Prozess der Fragenfokussierung, der Erhebung und der Auswertung durchläuft im Idealfall zirkulär mehrere Durchgänge („hermeneutischer Zirkel") bis ein angemessenes Verständnis des Forschungsgegenstandes („theoretische Sättigung") erreicht wurde.

Prozessverständnis qualitativer Forschung	
1. Forschungsfrage	
2. Forschungsstrategie & Sampling	
3. Erhebung	
4. Sicherung der Daten	
5. Auswertung	
6. Abschließen und verdichten	

Konsequentes qualitatives Forschen bedeutet so – zugegebenermaßen anders als oft in der qualitativen Praxis – *nicht,* eine gewisse Anzahl von Interviews zu führen und diese anschließend auszuwerten, sondern ist ein zirkulärer Prozess, in dem laufend reflektiert wird und neue Gesichtspunkte eingearbeitet werden. Auf dieser Basis können und sollen immer wieder neue Erhebungen durchgeführt werden.

Nichtsdestotrotz ist ein grober Phasenplan für die praktische Planung und Veranschaulichung qualitativer Forschungsstrategien hilfreich.

1 Forschungs-, Studien-, Erhebungsfragen und -ziele festlegen

Egal, ob es sich um das Verfassen einer wissenschaftlichen Abschlussarbeit oder um eine praktische Anfrage, die mit wissenschaftlichen Methoden beantwortet werden soll, handelt: Die Formulierung einer klaren Forschungsfrage ist ein elementares Erfolgskriterium.

Dabei ist es wichtig, sich darüber im Klaren zu sein, dass die Forschungsfrage nicht einfach die Formulierung eines breiten Themas oder eines zu untersuchenden Phänomens ist, sondern es sich dabei um eine Konkretisierung des eigenen Erkenntnisinteresses handelt. Der Frage- und Interessensfokus dient als „Wegweiser" durch den oft von hoher Komplexität gekennzeichneten Forschungsprozess. Gerade bei der Auswertung ist es hilfreich, sich an der grundlegenden Forschungsfrage orientieren zu können, um aus dem oft sehr umfangreichen Material die entscheidenden Ergebnisse zu extrahieren.

Kriterien für eine gelungene Forschungsfrage sind:
> Sie soll klar, einfach und kurz formuliert sein;
> sie soll tatsächlich als Frage – und nicht etwa als versteckte Behauptung – formuliert sein;
> sie kann Unterfragen umfassen;
> sie sollte generell verständlich sein.

1.1 Zielformulierung versus „Prinzip der Offenheit"

In der qualitativen Forschung ist das „Prinzip der Offenheit" (vgl. Abschnitt 1, Punkt 2.1) zentral. Immer wieder wird betont, dass in der qualitativen Forschung nicht vorab Hypothesen festgelegt werden sollen, deren Gültigkeit im Anschluss überprüft wird, sondern dass eine neugierige, explorative Grundhaltung, offen gegenüber Unvorhergesehenem, wesentlich ist. Das bedeutet aber nicht, dass seitens der ForscherInnen nicht dennoch vorab implizite und explizite Hypothesen über den Forschungsgegenstand bestehen. Hier ist es sinnvoll, sich in einem ersten Schritt über den eigenen persönlichen Hintergrund – der mit dem Forschungsgegenstand verknüpft ist –, die eigenen Interessen, das eigene Vorwissen, aber auch die eigenen Vorurteile gegenüber dem Forschungsgegenstand und dem Studienthema klar zu werden und diese nach Möglichkeit auch kurz zu verschriftlichen. So soll sichergestellt werden, dass ein bewusster Umgang mit den eigenen Vorannahmen erfolgt und diese sich nicht unbemerkt in die Forschungsanlage und Interpretation der Daten einschleichen.

Das „Prinzip der Offenheit" bedeutet aber natürlich auch nicht, dass es in der qualitativen Forschung nicht ebenfalls höchst bedeutsam ist, eine klare Zielformulierung, was die Studie, die Erhebung, das Forschungsprojekt leisten soll, vorzunehmen und daraus klare Forschungs- und Erhebungsfragen abzuleiten. Je klarer die Ziele und die Forschungsfragen definiert sind, desto leichter ist es, sich in der Erhebung zu fokussieren und umgekehrt auch im Zuge der Erhebung deutlich gewordenen neuen und interessanten Fährten und Erhebungsmöglichkeiten nachzugehen – allerdings im Rahmen einer bewussten Setzung. Gerade durch die größere Offenheit der Anlage der qualitativen Forschung ist ein klares Explizieren der Forschungsfrage, die dann durchaus im Zuge des Projekts revidiert oder verfeinert werden kann, umso bedeutsamer. Offenheit darf kein Vorwand für „schlampiges" oder intransparentes Vorgehen sein.

1.2 Typen von Fragestellungen

Bezüglich des Typs der Fragestellung zeigt es sich, dass bei qualitativen Untersuchungen als Ergebnis häufig entweder

> eine „Gestalt", ein „Typ" herausdestilliert und dicht beschrieben werden soll oder aber
> ein Prozess und dessen Dynamik.

Ein Beispiel für den ersten Fragestellungstyp ist etwa die Erforschung von „Nutzungsformen des Web 2.0". Hier lassen sich verschiedene AnwenderInnentypen, Anwendungsmotive und die von ihnen angewandten Nutzungsstrategien z. B. durch Interviews mit Facebook-NutzerInnen herausarbeiten.

Ein Beispiel für die zweite Art von Fragestellungen nach Prozessen und deren Dynamik wäre die „Qualitative Evaluierung zur Durchführung eines Web 2.0 basierten Marketingprogramms". Hier können im Rahmen der Studie die speziellen Dynamiken, Erfolgsbedingungen, Schwierigkeiten, Prozessverläufe, Herausforderungen und daraus abgeleitete Konsequenzen analysiert werden.

1.3 Forschungsgegenstand

Weiters lassen sich unterschiedliche Einheiten als Gegenstand der Untersuchung unterscheiden. Die Einheiten können dabei eine unterschiedliche soziale und inhaltliche Komplexität aufweisen.
Mögliche Einheiten sind:

> Bedeutungen (z. B. Erhebung von Produktimages in der Marktforschung, Qualitätsvorstellungen von FinanzdienstleisterInnen),
> Handlungen (z. B. Anwendung eines neuen Pflegekonzepts, Analyse des Einkaufsverhaltens von Müttern mit Kindern im Supermarkt),
> Episoden und „Fallvignetten" (z. B. Beratungssequenzen in einer Familienberatung, Aushandlungsprozesse bei der Fernsehprogrammwahl bei Paaren),
> Rollen (z. B. Rollenverständnis von PersonalentwicklerInnen im Krankenhaus; Gegenüberstellung von Selbst- und Fremdbild),
> Gruppen und Teams (z. B. Erfolgsfaktoren und Schwierigkeiten bei der Durchführung von Qualitätszirkeln),
> Programme (z. B. Akzeptanz eines neuen Führungsentwicklungsprogramms für High Potentials),

- Organisationen (z. B. Diagnose der Organisationskultur eines Unternehmens),
- gesamtgesellschaftliche Trends (z. B. Tradierung von Geschlechtsstereotypen in politischen Gremien, Kooperation in ethnokulturell heterogenen Pflegeteams).

Die Forschungseinheit „Gesellschaftliche Trends" nimmt dabei eine Sonderstellung ein, da insbesondere in soziologisch inspirierten qualitativen Methoden davon ausgegangen wird, Gesellschaft als Ganzes zwar nicht untersucht werden kann, dass gesellschaftliche Trends aber in konkreten Handlungen im Kleinen tagtäglich hergestellt werden. Insofern wird durch die Analyse einzelner kleiner Sequenzen versucht, Hinweise auf dahinterliegende gesellschaftliche Strukturen und Normen zu erhalten. „Gesamtgesellschaftliche Trends" stellen insofern als Untersuchungsgegenstand eine Querschnittsmaterie dar.

1.4 Formative versus summative Erhebungsstrategien

Eine weitere Unterscheidung, die bei der Planung insbesondere in der Organisationsforschung von Bedeutung ist, ist die in der Evaluationsforschung gängige Unterscheidung zwischen formativen und summativen Erhebungsstrategien (Scriven 1991). Während es bei summativen Evaluierungsstrategien um die abschließende Bewertung etwa einer Maßnahme, eines Programms, einer Intervention geht, ist das Ziel einer formativen Strategie eher prozessbegleitend und qualitätssteuernd, also „den Prozess mitformend". Formative wie summative Strategien sind sowohl mit qualitativen als auch mit quantitativen Methoden möglich, tendenziell werden qualitative Methoden aber insbesondere bei formativen Strategien eingesetzt.

Es gilt, die durch den Forschungsprozess induzierten Nachdenkimpulse gezielt einzusetzen und im Prozess zu berücksichtigen. So führt eine formative Anlage eher zu laufenden kleineren Rückkoppelungsschritten, aus denen rasch Konsequenzen gezogen werden können und die den Forschungsgegenstand sehr bewusst verändern (etwa Nachsteuerung eines Changeprojekts auf Basis der Ergebnisse einer qualitativen Zwischenevaluierung), während bei einer summativen Anlage die Rückkoppelung eher einmalig nach Abschluss der Intervention stattfindet.

1.5 Zielformulierung als sozialer Prozess: Contracting

Forschungsfragen entstehen in der Praxis – anders als in der universitär verankerten Grundlagenforschung – nicht aus einer innerwissenschaftlichen Logik, sondern aus Anliegen von AuftraggeberInnen und KundInnen. Das hat zur Folge, dass die Forschungsziele im Rahmen eines Contractingprozesses sozial ausgehandelt werden müssen.

In erster Linie dient das Contracting der Klärung, ob – und wenn ja, zu welchen Konditionen – man überhaupt miteinander zusammenarbeitet. Wenn dieser grundsätzliche Klärungsprozess zu einer Zusammenarbeit führt, erfolgen die Definition der Forschungsziele, eine erste grobe, gemeinsame operative Planung sowie Überlegungen zur wirkungsvollen Positionierung der Ergebnisse. Dieser Schritt erfolgt durch die ForscherInnen gemeinsam mit dem Auftraggeber/der Auftraggeberin und nach Möglichkeit weiteren Interessengruppen.

Wichtige, in diesem Schritt zu klärende Punkte sind:
> genaues Explizieren der Ausgangssituation,
> Festlegung von Forschungszielen,
> Bestimmung und Ausdifferenzierung des Gegenstands,
> Festlegung der Methoden,
> Beurteilung der Ressourcen,
> Definition der Personalstruktur.

2 Festlegen der Gesamtstrategie und Grobplanung

Am Beginn der Forschungsstudie gilt es, sich einen Ablaufplan zusammenzustellen. Dieser sollte ein erstes grobes Bild davon vermitteln, welche Schritte geplant sind, mit welcher zeitlichen Perspektive sie verknüpft sind und, nicht zu vergessen, welche zeitlichen Ressourcen für die beteiligten ForscherInnen, aber möglicherweise auch für die involvierten PraktikerInnen damit verbunden sind. Auch hier ist wieder darauf hinzuweisen, dass in qualitativen Forschungsstrategien ein kontinuierliches Nachsteuern, Nachjustieren und Verändern des Forschungsvorgehens durchaus sinnvoll und der Regelfall ist.

Eine häufig auftretende Frage ist dabei, welche Anzahl von Erhebungsschritten (z. B. wie viele Interviews oder Beobachtungen) notwendig sind, um zu einer soliden Aussage zu kommen. Diese berechtigte Frage lässt sich allerdings nicht definitiv beantworten und bleibt letztlich bis zu einem gewissen Grad eine Ermessensfrage: Sie hängt auch in hohem Ausmaß von Rahmenbedingungen (wie viel Zeit- und Personalressourcen hat die Forschung) und externen Vorgaben (etwa im Rahmen einer wissenschaftlichen Abschlussarbeit) ab.

Rein pragmatisch ist der Aufwand bei mehreren Interviews, Fokusgruppen oder Beobachtungen natürlich höher, was die Interviewführung, die Beobachtungszeit, die Transkription und Protokollierung und – nicht zu vergessen! – auch die Lesezeit des Materials betrifft.

Die Auswertung im engeren Sinne ist bei umfangreicherem Datenmaterial allerdings nicht unbedingt aufwändiger, da die Kategorien, Trends und Kernaussagen durch mehr Interviewmaterial deutlicher hervortreten. Es wird natürlich auch wichtiger, das Textmaterial zu reduzieren, und man muss sich von mehr Textausschnitten trennen – gleichzeitig bleiben dadurch dann die interessanten, prägnanten und spannendsten Textpassagen für die einzelnen Kategorien über.

Weniger pragmatisch als methodisch argumentiert ist eine Erhebung dann ausreichend, wenn es gelingt, in der Auswertung ein zufriedenstellendes Maß an „theoretischer Sättigung" zu erreichen. Das ist dann der Fall, wenn sich die bisherigen Ergebnisse bei jedem weiteren Auswertungsschritt bestätigen und verdichten und nur noch Ausdifferenzierungen erfolgen. Der Sättigungsgrad ist natürlich umso höher, je mehr Belege aus verschiedenen Erhebungsschritten für ein Ergebnis angeführt werden. Dennoch können aus qualitativen Ergebnissen keine Repräsentativitätsansprüche abgeleitet werden und die Ergebnisse geben nicht dieselbe Sicherheit wie statistische Signifikanzen bei großangelegten repräsentativen Stichproben in quantitativen Untersuchungen (Gläser & Laudel 2010).

2.1 Auswahlstrategie – Sampling

Neben der Wahl der Erhebungsmethoden (Abschnitt 3) und Auswertungsverfahren (Abschnitt 4) ist es zentral, eine passende Auswahlstrategie bzw. Samplingstrategie anzuwenden. Es gilt zu entscheiden, wer letztlich interviewt oder beobachtet werden muss, um zu einem differenzierten Bild zu kommen.

Neben methodischen Überlegungen spielen auch hier pragmatische Überlegungen eine gewichtige Rolle: nämlich ob überhaupt ein Zugang zu den potenziellen „Forschungsobjekten" gegeben ist und ob diese überhaupt Lust und Bereitschaft für ein Gespräch oder eine Beobachtung haben. So kann das pfiffigste Beobachtungsdesign zu „Initiationsritualen in der rechtsextremen Szene", der eleganteste Interviewleitfaden für Landwirte zu ihren unterschwelligen Heiratsmotiven oder ein brillantes Forschungsdesign über „Kommunikationsmuster bei Vorstandssitzungen in internationalen Konzernen" nur dann in die Realität umgesetzt werden, wenn ein Zugang zum Feld grundsätzlich möglich ist.

Wenn ein Feldzugang grundsätzlich gegeben ist bzw. hergestellt wurde, gilt es natürlich auch zu überlegen, wie viel Investition an Zeit der Zielgruppe etwa für Interviews zuzumuten ist. Gerade bei dieser Auswahlstrategie, aber auch bei der Methodenauswahl (vgl. Abschnitt 3) braucht es neben methodischen Überlegungen also auch ein Gefühl für die Besonderheiten des Feldes, um die wissenschaftlichen und pragmatisch-praktischen Anforderungen auszubalancieren.

Manche Fragestellungen betreffen Alltagsphänomene, zu denen grundsätzlich nahezu jede Person Auskunft geben kann (z. B. „Image von gängigen Produkten und bekannten Marken", „Umgang mit Work-Life-Balance", „Konfliktmuster in Beziehungen", „Erleben von Urbanität" und vieles mehr). Hier scheint es naheliegend, Bekannte, Verwandte oder KollegInnen als InterviewpartnerInnen auszuwählen. Das hat einerseits natürlich Vorteile (leichterer Zugang, weniger beängstigend, wenn sich ForscherInnen unsicher fühlen, etc.)

Gleichzeitig ist es aber eine nicht zu unterschätzende Herausforderung, die Rolle des Freundes oder der Freundin mit der professionellen InterviewerInnenrolle zu verknüpfen. Auch für die Interviewten ist es – vor allen bei persönlichen Themen – zuweilen durchaus nicht leicht, sich gerade vor einen/einer befreundeten InterviewerIn eine Blöße zu geben. Erfahrungsgemäß ist es mit Fremden – ein bisschen Routine und/oder Selbstvertrauen vorausgesetzt – weitaus einfacher als mit Bekannten, eine professionelle konzentrierte Interviewsituation herzustellen.

Folgende Varianten und Techniken der Fallauswahl werden in qualitativen Forschungsstrategien häufig angewandt.

Vollerhebung

Da qualitative Forschungsstrategien häufig bei praxisnahen Forschungsfragen (z. B. bei einzelnen überschaubaren Programmen oder überschaubaren Gruppen innerhalb einer einzelnen Organisation) Gegenstand sind, ist bei qualitativen Erhebungen häufig auch eine Vollerhebung möglich.

So sind etwa bei folgenden Themen Vollerhebungen möglich:

> Evaluierung der TeilnehmerInnenzufriedenheit bei einem neuen internen Weiterbildungsprogramm (10 TeilnehmerInnen, 3 TrainerInnen, 1 KoordinatorIn),
> Rollenverständnis von RektorInnen öffentlicher medizinischer Universitäten in Österreich,
> Berufsmotivation männlicher Kindergärtner in katholischen Privatkindergärten.

„Theoretische Samplings"

Bei komplexeren Projekten oder größeren Zielgruppen und insbesondere, wenn noch unklar ist, wer sinnvollerweise gefragt werden sollte, empfiehlt es sich, sich am von Barney G. Glaser und Anselm L. Strauss 1967 formulierten Prinzip des „theoretischen Samplings" (Glaser & Strauss 1998) zu orientieren. Die Grundüberlegung des theoretischen Samplings besteht darin, schrittweise Entscheidungen über die Auswahl und Zusammensetzung des empirischen Materials im Laufe der Datenerhebung zu fällen. Dabei geht es weniger darum, statistische Repräsentativität der Stichprobe (etwa durch Zufallsauswahl) zu gewährleisten, als darum, die Datenauswahl nach dem Kriterium, welche Personen, Gruppen oder Fälle voraussichtlich einen möglichst großen Neuigkeitswert für die zu entwickelnde Theorie haben, zu treffen.

Das setzt allerdings voraus, dass die strenge Trennung zwischen Datenerhebung und erst im Anschluss daran stattfindender Auswertung aufgehoben wird. Das „theoretische Sampling" basiert darauf, dass Datenerhebung und Datenauswertung eng verzahnt stattfinden, die Datenauswertung unmittelbar nach der Erhebung beginnt und in zirkulären Prozessen zusätzliche GesprächspartnerInnen, die neue Aspekte oder vertiefte Einsichten versprechen, hinzugefügt werden.

Wann ausreichend viele Perspektiven erhoben wurden, lässt sich über das Kriterium der „theoretischen Sättigung" bestimmen. Sobald der Eindruck entsteht, durch weitere Interviews kaum mehr Neues zu erfahren und dass neues empirisches Material das bisher entwickelte Verständnis vom Gegenstand nur weiter bestätigt oder höchstens noch minimal ausdifferenziert, ist der Zeitpunkt gekommen, die Erhebung zu beenden.

Das „theoretische Sampling" unterscheidet sich daher grundlegend in der Herangehensweise von der Art und Weise, wie in quantitativen Untersuchungen Stichproben zusammengestellt werden („statistisches Sampling"). Bei quantitativen Untersuchungen geht es oft darum, eine Merkmalsausprägung in der

Grundgesamtheit (z. B. „alle Menschen") zu erheben. Da klarerweise nicht „alle Menschen" befragt werden können, gilt es nun eine kleinere Anzahl von Personen, die stellvertretend für alle untersucht werden können und diese möglichst gut repräsentieren, zu finden. Das geschieht etwa über das Ziehen von Zufallsstichproben. In qualitativen Forschungsstrategien treten anstelle von Zufallsstichproben – die nicht zuletzt auch aufgrund der geringen Fallanzahl äußerst problematisch und fehleranfällig für qualitative Forschung wäre – nachvollziehbare inhaltliche Kriterien, nach denen gezielt und bewusst die Stichprobe erstellt wird.

Gezieltes Sampling

Michael Quinn Patton schlägt folgende Möglichkeiten für ein gezieltes Sampling vor (vgl. Patton 2002):

> **Extremfälle**
  Um ein Projekt oder eine Maßnahme zu beurteilen, kann es interessant sein, besonders gelungene Realisierungsbeispiele, aber auch Bereiche, in denen die Maßnahme gescheitert ist, zu einer vertieften Analyse heranzuziehen. Das untersuchte Feld wird in diesem Fall eher von den Rändern her erschlossen.

> **Besonders typische Fälle**
  Hier geht es darum, einzelne Fälle auszuwählen, die besonders typisch für den Gegenstand zu sein scheinen. Das Feld wird dabei eher von innen, vom Zentrum aus, erschlossen.

> **Auswahl einer maximalen Variation**
  In diesem Fall sollen möglichst unterschiedliche Fälle einbezogen werden, um eine möglichst breite Variante unterschiedlicher Strategien deutlich zu machen.

> **Gezielte Suche nach Gegenbeispielen**
  Im späteren Untersuchungsverlauf – eventuell auch erst im Zuge der Auswertung – sorgt die gezielte Suche nach empirischen Gegenbeispielen dafür, dass die bisherigen Überlegungen und Erkenntnisse der ForscherInnen kritisch hinterfragt werden müssen. Indem gezielt nach Beispielen, die die bisherigen Hypothesen nicht stützen, gesucht wird, werden die Ergebnisse auf ihre Tragfähigkeit und Konsistenz hin geprüft und dann entweder robuster, ausdifferenzierter sein oder aber möglicherweise auch verworfen.

Auch wenn diese Strategie „unbequem" für ForscherInnen ist, da liebgewordene Erklärungsmodelle radikal hinterfragt und möglicherweise völlig demontiert werden, birgt es besonders viele Erkenntnismöglichkeiten[3].

Schneeballsampling

Bei Zielgruppen und Forschungsfeldern, die den ForscherInnen wenig bekannt sind, kann es auch sinnvoll sein, am Ende eines Interviews die GesprächspartnerInnen zu fragen, ob ihnen noch Personen einfallen, die für die Teilnahme an der Studie geeignet wären. Das Schneeballsampling hat den Vorteil, dass es damit möglich wird, tief in das beforschte Feld einzudringen. Gleichzeitig ist es problematisch, da dabei die ersten GesprächspartnerInnen quasi als „Gate-Keeper" einen großen Einfluss auf die weitere Stichprobenzusammensetzung haben und Selektionskriterien bei der Stichprobenzusammensetzung, die für die ForscherInnen kaum reflektierbar sind, zum Tragen kommen können.

Stakeholderanalyse

Als praktisches Hilfsmittel zur Auswahl, welche Perspektiven für einen Analysegegenstand von Interesse sein können, dient die Stakeholderanalyse (Interessengruppen). Dieses Instrument ist eine Adaption der im Projektmanagement geläufigen Projekt-Umwelt-Analyse. Durch die Stakeholderanalyse werden in systematischer Form mögliche Interessengruppen, die für ein Verständnis des Forschungsgegenstandes von Bedeutung sind, erhoben und in ihrer Relation zum Erhebungsgegenstand grafisch dargestellt.

Vorgehen Stakeholderanalyse (siehe auch Beispielgrafik auf S. 35)

1. Gegenstand der Forschung in die Mitte schreiben.
2. Stakeholder auflisten. Wer hat ein Interesse am Gegenstand? Wer ist in irgendeiner Weise betroffen?
3. Gruppierung der Stakeholder rund um den Gegenstand. Der Grad der Betroffenheit wird durch Nähe bzw. Distanz angegeben.
4. Wählen Sie die wichtigsten Stakeholder aus.

3 Im Übrigen entspricht die gezielte Suche nach Widerspruch, nach „Falsifikation" von Hypothesen der Grundprämisse des wissenschaftstheoretisch bedeutsamen, von Sir Karl Popper begründeten „Kritischen Rationalismus".

5. Ein bis zwei Hauptinteressen und vermutete Besonderheiten der relevanten Stakeholder am Gegenstand.
6. Anschließende Analyse: Wer sollte jedenfalls befragt werden? Wo gibt es voraussichtlich Widersprüche? Wie können diese für den Forschungsprozess gut genutzt werden?

Beispiel: Stakeholderanalyse
Im Folgenden ist das Ergebnis einer Stakeholderanalyse zur Organisationsanalyse der Ausgangsbedingungen zur Implementierung einer neuen Lernplattform in einer Universität dargestellt:

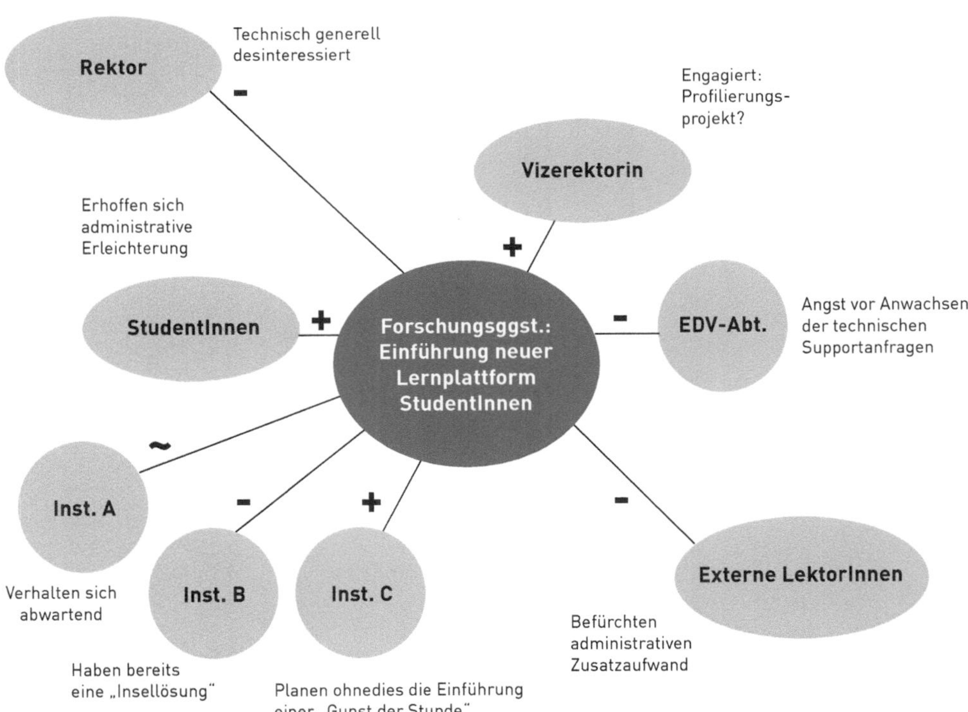

3 Erhebungsmethoden

Im ersten Schritt gilt es zu bestimmen, ob die Forschungsfrage mittels qualitativer oder quantitativer Methoden bearbeitet werden soll. Im folgenden Buch wird es naheliegenderweise ausschließlich um qualitative Methoden gehen – angemerkt sei aber, dass hier natürlich auch Kombinationen durchaus denkbar und sinnvoll sind (vgl. Triangulation, Abschnitt 1, Punkt 3.5). Allerdings gilt es zu beachten, dass – egal ob mit qualitativen oder quantitativen Zugängen gearbeitet wird – es wesentlich ist, sich tatsächlich auf die jeweiligen wissenschaftlichen Standards und Logiken einzulassen. Qualitative Forschung erhält ihre Qualität und Legitimation über grundlegend andere Mechanismen als quantitative Forschung und eine Durchmischung der beiden (z. B. eine überwiegende argumentative Referenz auf Häufigkeiten von Nennungen bei Interviews) führt eher oft zu einem wenig zufriedenstellenden Mix, der weder den Ansprüchen quantitativer Forschung gerecht wird noch den Anforderungen einer argumentativ abgesicherten interpretativen Ausdeutung, die im Rahmen der qualitativen Studie qualitätsentscheidend ist (Przyborski & Wohlrab-Sahr 2010).

Der nächste Schritt besteht darin zu entscheiden, ob das empirische Material, das der Forschung zugrunde liegen soll, explizit im Rahmen der Forschung erhoben wird oder bereits vorliegt. So kann es interessant sein, qualitative Auswertungen auf Basis bereits vorhandenen Materials (z. B. Gesprächsverhalten von PolitikerInnen auf Basis von Aufzeichnungen von Fernsehdiskussionen; Analyse von vorliegenden Leitbildern von Organisationen; Interpretation von Sprüchen auf Toilettenwänden etc.) durchzuführen. In diesem Fall häufig angewandte Auswertungsmethoden sind die Dokumentenanalyse von schriftlichem Material. Es handelt sich dabei um sogenannte „nonreaktive" Verfahren, da das Material unabhängig vom Forschungsprozess entstanden ist und deswegen auf diese – im Unterschied etwa zu extra für die Forschung artifiziell eingerichteten Interviewsituationen – nicht reagieren kann (vgl. Punkt 1 dieses Abschnitts).

Sollte – was häufig der Fall ist – die Entscheidung fallen, dass eine eigene Erhebung durchzuführen ist, gilt es zu bestimmen, ob das uns interessierende Verhalten sinnvollerweise unmittelbar beobachtet werden kann. Das empfiehlt sich dann, wenn der Eindruck entsteht, das Phänomen werde durch eine Befragung verzerrt (etwa wegen einer vermuteten Tendenz, sozial erwünscht zu antworten) und würde deutlicher durch Beobachtung von natürlichem Verhalten in der Praxis zum Ausdruck kommen (Bsp. Verhalten von Fußballfans, sozialer Ausschluss bei spielenden Kindern, Flirtrituale in Diskotheken etc.). Dabei wird häufig zwischen teilnehmender und nicht-teilnehmender Beobachtung unterschieden (vgl. Punkt 2 dieses Abschnitts).

Sollte es zu einer Befragung kommen, dann ist eine der wesentlichen Entscheidungen dahingehend zu treffen, ob es sinnvoller ist, das Phänomen durch die konzentrierte Befragung einzelner Personen (Einzelinterviews) zu erheben (vgl. Punkt 3 dieses Abschnitts), oder ob das Phänomen besser in der Interaktion mehrerer Personen – also durch eine Gruppenerhebungen (vgl. Punkt 4 dieses Abschnitts) – in den Blick zu nehmen wäre.

Einzelinterviews lassen sich hinsichtlich ihres Standardisierungsgrades unterscheiden. Es gibt ganz offene Verfahren („narrative Interviews") oder, als Gegenpol, streng strukturierte Leitfadeninterviews. Eine häufig zur Anwendung kommende Form ist eine Kombination davon, das „teilstrukturierte Interview".

Gruppenerhebungen bilden eine noch weitaus höhere soziale Komplexität aus und lassen sich in der Hinsicht unterscheiden, ob primär die Einschätzungen einzelner Personen nacheinander in der Gruppe erhoben werden („Fokusgruppen") oder ob es sich um Gruppendiskussionsverfahren handelt, in denen es weniger um die Erhebung einzelner Meinungen an sich als vielmehr um dem Prozess der Meinungsbildung in der Gruppe und die entsprechende Interaktionsdynamik geht. Gelegentlich kann es auch sinnvoll sein, das Erhebungsformat zeitlich länger anzulegen und damit einen Erhebungsworkshop durchzuführen bzw. mehr Personen einzubinden und damit auf Großgruppenmethoden zurückzugreifen.

Nicht zuletzt ist es sinnvoll, zu diesem Zeitpunkt bereits zu wissen, welches Auswertungsverfahren man verwenden möchte. Viele qualitative Auswertungsverfahren setzen eine gewisse Aufbereitungsform des Erhebungsmaterials voraus. So ist es für eher rekonstruierende interpretative Auswertungsverfahren hilfreich, sehr offene, narrative Fragestellungen bei Interviews zu wählen, während für strukturierende Verfahren, wie der qualitativen Inhaltsanalyse, eine eher systematische Erhebung oft nützlicher ist.

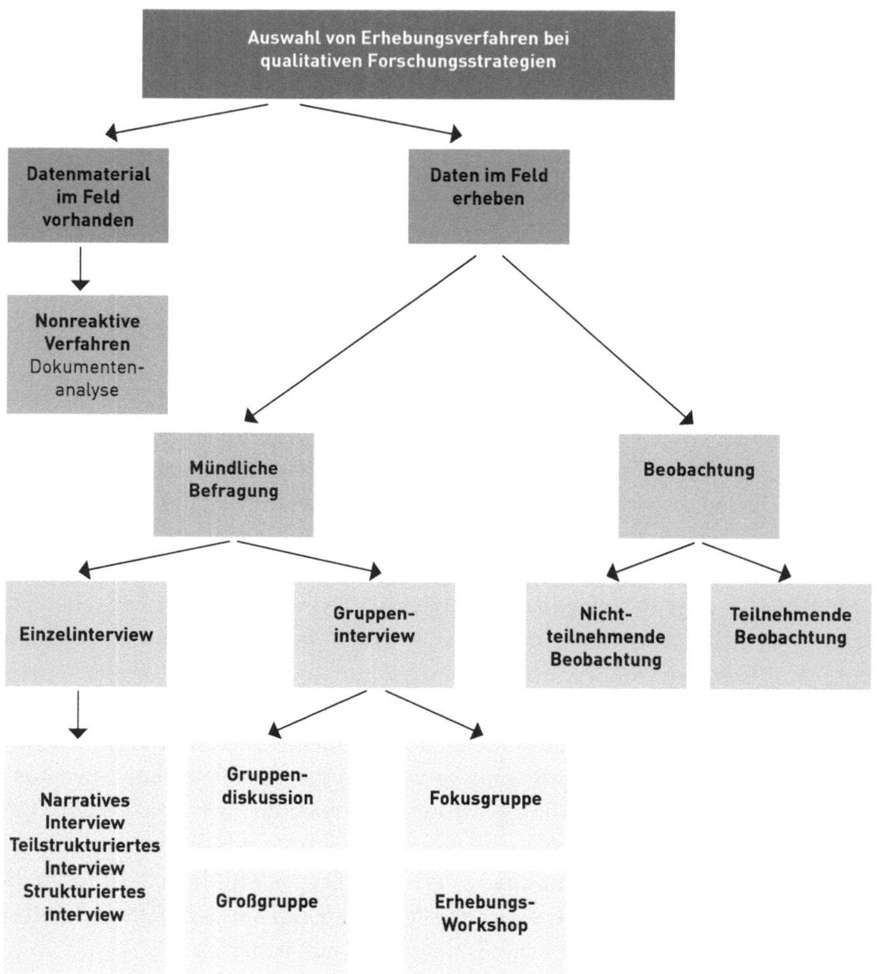

1 Nonreaktive Verfahren: Dokumentenanalyse und Analyse von Verhaltensspuren

Gekennzeichnet sind alle nichtreaktiven Verfahren dadurch, dass auf unabhängig von der Forschung vorliegendes Datenmaterial Bezug genommen wird und die Daten nicht erst im Forschungsprozess etwa durch Interviews, Fragebögen etc. produziert werden. Damit verändert die Erhebung, die etwa im Rahmen einer

Dokumentenanalyse durchgeführt wird, das, was sie misst, definitiv nicht. Es gibt keine bewussten oder unbewussten Reaktionen der „Forschungsobjekte" auf die ForscherInnen und ihre Instrumente, da das untersuchte Verhalten völlig unbeeinflusst von der Forschung *vor* der Datenerhebung stattfindet. Somit sind nonreaktive Daten die denkbar objektivsten Datenquellen[4]. Allerdings ist auch hier die Objektivität zu reflektieren: So werden nonreaktive Daten dennoch durch die Forschung beeinflusst, nämlich v. a. dadurch, nach welchen Selektionskriterien die Materialien ausgewählt werden.

Als Daten können alle bewusst intendierten, von Menschen hergestellten Erzeugnisse wie Kunstgegenstände, Graffiti, Zeichnungen etc. dienen. Besonders häufig werden schriftliche Dokumente (Berichte, Tagebücher, Konzepte, Kontaktanzeigen, Leitbilder, Protokolle, Unfallberichte, Aktennotizen und natürlich zunehmend Websites usw.) als Datenmaterial herangezogen und „dokumentenanalytisch" (vgl. Wolff 2009) ausgewertet.
Eine andere Form von nichtreaktiven Verfahren ist die Analyse von unbeabsichtigt hinterlassenen „Verhaltensspuren". Das können etwa sein:

- Bewegungsspuren auf Böden von Einkaufszentren als Indikatoren für das Einkaufsverhalten der KundInnen,
- Abnutzungserscheinungen auf Geräten oder Büchern,
- Internetzugriffe etc.

Generell lassen sich hier vor allem Nutzungsgewohnheiten ablesen. Aber auch originelle Vorgehensweise, wie die Analyse von Speiseresten und Bröseln auf den Computertastaturen als Ausdruck der Arbeitsintensität (d. h. als Indiz dafür, dass keine Essenspausen in der Arbeit gemacht werden und während der Arbeit gegessen wird) basieren auf nicht-intendierten Verhaltensspuren.

Die Analyse von vorliegendem Material (mittelalterliche Manuskripten, Zeitungsberichten, verschiedene Textversionen eines Autors etc.) ist etwa in den Literatur-, den Geschichts- und den Kommunikationswissenschaften ein breit angewandtes methodisches Vorgehen. In den Sozialwissenschaften hat sie einen weitaus weniger zentralen Stellenwert. Dokumentenanalysen werden hier meist eher als Ergänzung zu anderen Daten genutzt.

4 Dementsprechend sind nonreaktive Daten auch keine per se „qualitativen Daten" und werde oft mit quantifizierenden Methoden analysiert. So werden etwa im Rahmen der Netzwerkanalyse (Holzer 2006, Jansen 2006) informelle Machtstrukturen über Mitgliedschaften in Unternehmensvorständen oder Forschungsvernetzungen über die Häufigkeit des gegenseitige Zitierens von WissenschaftlerInnen untersucht. Aber auch einfache Vergleiche etwa der Anzahl der Fernsehberichte über SpitzenpolitikerInnen verschiedener Parteien in einem definierten Zeitraum sind verbreitete Aufbereitungen nonreaktiver Daten.

Der Unterschied zum „einfachen Lesen" von Unterlagen besteht darin, dass der Text im Fokus expliziter Fragestellungen analysiert wird: So kann untersucht werden, welche Aspekte der Realität in den Darstellungen in den Blick genommen und welche ausgeblendet werden. Dabei ist es wichtig, den Entstehungszusammenhang zu berücksichtigen: Dokumente, egal ob Gerichtsakten, Werbebroschüren oder Sprüche auf Toilettenwänden, werden immer intendiert, also für einen praktischen Zweck produziert. Letztlich können Dokumente als „eingefrorene Kommunikationen" verstanden werden, in denen sich, wie in jedem anderen Kommunikationsakt, die gesellschaftlichen, organisatorischen und individuellen Verhältnisse niedergeschlagen haben.

Methodisch können Dokumente prinzipiell mit denselben Auswertungsmethoden wie Interviews aufbereitet werden. Interviewtranskripte sind ja letztlich auch nichts anderes als spezifische Dokumente. Allerdings erhalten Dokumente aus dem Feld eine zusätzliche Dimension, da auch formale Gesichtspunkte wie Farbgebung, Layout, Abbildungen, Gliederung etc. zusätzlich zum Inhalt analysiert werden können.

Nichtsdestotrotz ist der Übergang zwischen dem als selbstverständlich anzusehenden Sich-vertraut-Machen mit dem Feld und dem Einarbeiten in die Materie durch das Lesen diverser schriftlicher Materialien auf der einen Seite und der Durchführung einer systematischen Dokumentenanalyse auf der anderen Seite oft fließend.

2 Beobachtung

Beobachtung nimmt beim Design eines Forschungsprojekts eine Sonderstellung ein: Sie ist letztlich die einzige Möglichkeit, Daten über konkretes Verhalten direkt zu bekommen. Denn bei Interviews oder Fragebögen erhält man immer nur eine Erzählung *über* das Verhalten und nicht das erfragte Verhalten selbst. Gleichzeitig geben Beobachtungen keinen Aufschluss über die subjektiv gesehenen Ursachen für die jeweilige Verhaltensweise. Aber auch andere forschungsrelevanten Prozesse (z. B. Lernen, Einstellungsänderungen etc.) sind nicht unmittelbar beobachtbar. Dazu müssen weitere Erhebungsschritte (z. B. ergänzende Interviews) durchgeführt werden.

Die Methode der Beobachtung hat ihren Ursprung in der Ethnografie[5] und

5 Ethnografie ist eine Form der Forschung in der Völkerkunde („Völkerbeschreibung"). Das zentrale Anliegen der Ethnografie ist, das Leben und die Sozialstruktur fremder Kulturen aus deren eigenen Sichtweise heraus zu verstehen. Dabei nimmt die teilnehmende Beobachtung einen zentralen Stellenwert ein.

in verschiedenen, in den USA verbreiteten sozialwissenschaftlichen Disziplinen eine lange Tradition. In Europa dagegen standen Interviews immer mehr im Zentrum der Forschungspraxis (Szabo 2000, Flick 2009).

Beobachtung ist etwas sehr Alltägliches. Letztlich basiert ja jegliche Form der Datengewinnung auf Beobachtung. Wobei unter „Beobachtung" nicht nur die visuelle Wahrnehmung, sondern auch das Hören, Riechen und Fühlen verstanden wird. Beobachtung ist eine Alltagskompetenz, die in der qualitativen Forschung systematisiert wird, ähnlich wie beim Interview, das auf den Alltagskompetenzen Reden und Zuhören basiert.

Deshalb ist es besonders wichtig und gleichzeitig in der Praxis besonders schwierig, zwischen der Alltagsbeobachtung und einer wissenschaftlichen Beobachtung zu unterscheiden. Bei der Beobachtung als wissenschaftlicher Erhebungsmethode wird

> mit einen spezifischen, zielgerichteten Fokus,
> gewissen Selektionskriterien, die darüber entscheiden, was als relevant und was als irrelevant erachtet wird, und
> einer methodischen Systematik vorgegangen.

Es ist oft sinnvoll, Beobachtungen je nach Forschungsinteresse und Forschungsphase unterschiedlich zu akzentuieren (Przyborski & Wohlrab-Sahr 2010).

Am Beginn eines Forschungsprozesses ist es hilfreich, den Beobachtungsprozess eher offen und explorativ anzulegen und auf einen detaillierten Beobachtungsprotokollbogen zu verzichten. Das ermöglicht das Sammeln erster Eindrücke vom Feld und ist bei der Entwicklung konkreterer Fragestellungen nützlich. Auf dieser Basis kann anschließend ein differenzierter Beobachtungsbogen entwickelt werden, der für eine fokussierte Beobachtung, in der speziell für die Fragestellung interessante Situationen in den Blick genommen werden, hilfreich ist.

Eine zentrale Herausforderung bei Beobachtungsverfahren besteht darin, dass die soziale Situation, in der beobachtet wird, eingegrenzt werden muss. Man kann nicht rund um die Uhr „dabei sein", weiß aber möglicherweise nicht, wann relevante und interessierende Phänomene auftreten können. Insofern gilt es beim Beobachten ebenfalls ein Sampling (vgl. Abschnitt 2, Punkt 2)) vorzunehmen, aber weniger hinsichtlich der sozialen Zusammensetzung und der Frage „*Wer* beobachtet?", sondern mehr in Hinblick auf die Frage, *welche Situationen* beobachtet werden, also so etwas wie ein „Situationssampling".

Eine weitere Herausforderung für die Beobachtung besteht darin, einen passenden Zugang zum Feld zu erhalten und hierbei auch für die Forscher-

Innen eine sinnvolle Rolle zu definieren. Speziell bei Subgruppen und geschlossenen Milieus (Hooligan-Gangs, Zuhälter, aber auch elitäre Clubs) ist der Zugang meist nur über Schlüsselpersonen möglich. Hier gilt es auch zu reflektieren, welchen Einfluss die Schlüsselperson auf den Forschungsprozess und den Beobachtungsfokus hat und wie autonom und selbstständig die ForscherInnen im Feld agieren können.

2.1 Teilnehmende versus nicht-teilnehmende Beobachtung

Eine übliche Unterscheidung bei Beobachtungen als sozialwissenschaftlicher Methodik ist die zwischen teilnehmender und nicht-teilnehmender Beobachtung.

Bei der nicht-teilnehmenden Beobachtung wird davon ausgegangen, dass die Beobachtung keine Auswirkung auf das Geschehen hat und der Beobachter/die Beobachterin quasi „unbeteiligteR ZuschauerIn" ist. Dabei wird allerdings nicht berücksichtigt, dass jede Beobachtung immer irgendwie eine „teilnehmende" ist, da ForscherInnen auch durch die stille Beobachtung Teil des Feldes sind. Es kann davon ausgegangen werden, dass die Anwesenheit von ForscherInnen in vielen Situationen das Geschehen subtil beeinflusst – insbesondere, wenn es sich nicht um einen öffentlichen und anonymen Ort (Einkaufszentrum, Park etc.) handelt.

Weiters kann unterschieden werden, ob eine Beobachtung offen oder verdeckt angelegt wird. Von verdecktem Beobachten spricht man, wenn man die eigene Forschungsrolle und das Forschungsinteresse nicht explizit ausweist und quasi „inkognito" im Feld unterwegs ist. Das verdeckte Beobachten hat dabei natürlich eine forschungsethische Dimension, da beim verdeckten Beobachten kein Einverständnis der beforschten Personen gegeben ist. Gleichzeitig gibt es Forschungsthemen, etwa wenn es um sozial nicht akzeptiertes oder straffälliges Verhalten geht, die durch offenes Beobachten oder direktes Erfragen schwierig in den Blick zu bekommen sind. Die Alternative zu verdeckten Beobachtungen in schwer zugänglichen Milieus besteht in einer hohen Investition in den Beziehungsaufbau mit FeldvertreterInnen. Dazu sind allerdings viel Zeit, eine innere Bereitschaft, sich auf ein fremdes, möglicherweise verstörendes Milieu einzulassen, sowie immer wieder Orte zur kritischen Selbstreflexion, um die für die Forschung nötige Felddistanz sicherzustellen, notwendig.

Der für seine Arbeiten mit interessanten Randgruppen wie Zuhältern, Obdachlosen etc. bekannte Soziologe Roland Girtler, plädiert in seine „10 Geboten der Feldforschung" für einen respektvollen und transparenten Feldzugang:

1. Du sollst einigermaßen nach jenen Sitten und Regeln leben, die für die Menschen, bei denen du forschst, wichtig sind. Dies bedeutet Achtung ihrer Rituale und heiligen Zeiten, sowohl in der Kleidung als auch beim Essen und Trinken. – Si vivis Romae Romano vivito more!
2. Du sollst zur Großzügigkeit und Unvoreingenommenheit fähig sein, um Werte zu erkennen und nach Grundsätzen zu urteilen, die nicht die eigenen sind. Hinderlich ist es, wenn du überall böse und hinterlistige Menschen vermutest.
3. Du sollst niemals abfällig über deine Gastgeber und jene Leute reden und berichten, mit denen du Bier, Wein, Tee oder sonst etwas getrunken hast.
4. Du sollst dir ein solides Wissen über die Geschichte und die sozialen Verhältnisse der dich interessierenden Kultur aneignen. Suche daher zunächst deren Friedhöfe, Märkte, Wirtshäuser, Kirchen oder ähnliche Orte auf.
5. Du sollst dir ein Bild von der Geographie der Plätze und Häuser machen, auf und in denen sich das Leben abspielt, das du erforschen willst. Gehe zu Fuß die betreffende Gegend ab und steige auf einen Kirchturm oder einen Hügel.
6. Du sollst, um dich von den üblichen Reisenden zu unterscheiden, das Erlebte mit dir forttragen und darüber möglichst ohne Vorurteile berichten. Daher ist es wichtig, ein Forschungstagebuch (neben den anderen Aufzeichnungen) zu führen, in das du dir jeden Tag deine Gedanken, Probleme und Freuden der Forschung, aber auch den Ärger bei dieser einträgst. Dies regt zu ehrlichem Nachdenken über dich selbst und deine Forschung an, aber auch zur Selbstkritik.
7. Du sollst die Muße zum „ero-epischen (freien) Gespräch"[6] aufbringen. Das heißt, die Menschen dürfen nicht als bloße Datenlieferanten gesehen werden. Mit ihnen ist so zu sprechen, dass sie sich geachtet fühlen. Man muss sich selbst als Mensch einbringen und darf sich

6 Girtler (2001) versteht darunter offene, freie, dialoghafte Gespräche, in denen auch ForscherInnen ihre Erfahrung einbringen, und grenzt sich gegenüber dem journalistischen Begriff des Interviews ab.

nicht aufzwingen. Erst so lassen sich gute Gesprächs- und Beobachtungsprotokolle erstellen.

8. Du sollst dich bemühen, deine Gesprächspartner einigermaßen einzuschätzen. Sonst kann es sein, dass du hineingelegt oder bewusst belogen wirst.
9. Du sollst dich nicht als Missionar oder Sozialarbeiter aufspielen. Es steht dir nicht zu, „erzieherisch“ auf die vermeintlichen „Wilden“ einzuwirken. Du bist kein Richter, sondern lediglich Zeuge!
10. Du musst eine gute Konstitution haben, um dich am Acker, in stickigen Kneipen, in der Kirche, in noblen Gasthäusern, im Wald, im Stall, auf staubigen Straßen und auch sonst wo wohl zu fühlen. Dazu gehört die Fähigkeit, jederzeit zu essen, zu trinken und zu schlafen.

„10 Gebote der Feldforschung“ (aus: Girtler 2001, S. 183 ff.)

Die Rolle von qualitativen ForscherInnen als BeobachterInnen ist von einem Balanceakt geprägt: Auf der einen Seite gilt es, systematisch in einer Position der Fremdheit, als Voraussetzung, um systeminterne blinde Flecken zu identifizieren und damit wissenschaftlich zu arbeiten, zu bleiben. Gleichzeitig ist es nötig, selbst Teil des Systems zu werden („going native“), als grundlegende Voraussetzung des Verständnisses der sozialen Situation.

3 Einzelinterviews

3.1 Formen von Interviews

In der Sozialforschung hat sich eine Vielzahl unterschiedlicher Interviewverfahren herausgebildet. Eine anschauliche Unterteilung auf Basis des Ausmaßes an Standardisierung wird von Christel Hopf vorgelegt: Auf dem einen Pol ist hier das standardisierte Interview, auf dem anderen das narrative Interview anzusiedeln (vgl. Hopf 2009). Diese Unterteilung ist sowohl auf Einzel- als auch auf Gruppeninterviews anwendbar.

Standardisiertes Interview

Das standardisierte Interview ist dadurch gekennzeichnet, dass der/dem Interviewten die Reihenfolge der Fragen und die Antwortkategorien schon vorgegeben werden. Der Vorteil dieser Form besteht in einem hohen Ausmaß an Vergleichbarkeit. Der Nachteil allerdings ist, dass die Befragten keinen Spielraum haben, ihre eigenen Deutungszusammenhänge zu entwickeln, und dass für ForscherInnen die Wahrscheinlichkeit, durch unerwartete Aussagen der/des Befragten auf Neues zu stoßen, gering ist. Dementsprechend ist ein streng standardisiertes Interview eigentlich kein geeignetes Instrument, um Daten, die sich qualitativ interpretieren lassen, zu gewinnen.

Häufig werden standardisierte Interviews in der Marktforschung, v. a. auch bei telefonischen Befragungen, angewandt.

Narratives Interview

Am anderen Pol des Spektrums steht das narrative Interview. Bei dieser Erhebungsform sollen die Befragten nach einer Eingangsfrage, der erzählgenerierenden Frage, eine Stegreiferzählung frei entwickeln. Die Interviewten werden hier zu ErzählerInnen eines selbsterlebten Ereigniszusammenhangs, wofür ihnen inhaltlich und zeitlich genügend Raum gegeben wird. Der oder die ForscherIn ist dabei in der Zuhörerrolle, wobei nicht unterbrochen und vor allem kein Werturteil über das Gehörte abgegeben wird. Diese Interviewform stellt hohe Anforderungen an alle Beteiligten, weil ein hohes Ausmaß an Unstrukturiertheit zu bewältigen ist. Weiters ist nicht sichergestellt, dass alle im Rahmen der Forschungsfrage interessierenden Themen berücksichtigt werden, da für ForscherInnen wenig inhaltliche Steuerungsmöglichkeiten bestehen.

Besonders verbreitet sind narrative Interviews im Rahmen der Biografieforschung. Wenn eine eher interpretative Auswertung geplant ist, dann sind eher narrative und offene Erhebungsformen meistens die Voraussetzung, da nur dadurch gewährleistet ist, dass tatsächlich die subjektiven Konstruktionen der InterviewpartnerInnen und nicht die Konzepte der ForscherInnen zum Ausdruck kommen.

Leitfaden-Interview (teilstrukturiertes Interview)

Im Mittelbereich finden sich die teilstrukturierten Verfahren, auch als Leitfaden-Interviews bezeichnet. Teilstrukturierte Interviews, die in der qualitativen Sozialforschung wohl am meisten verbreitete Interviewform, sind dadurch gekennzeichnet, dass die ForscherInnen auf der Basis der Fragestellung sowie theoretischen Vorüberlegungen die Themenblöcke und Fragestellungen für das Interview festlegen und zu einem Leitfaden verdichten. Diese Themen sollen im Interview möglichst vollständig behandelt werden. Gleichzeitig soll aber auch darauf geachtet werden, dass Offenheit für neue, im Gespräch entstehende, Aspekte besteht. Das Interview ist damit durch den Leitfaden lose strukturiert und gleichzeitig flexibel gegenüber unerwarteten Wendungen.

Gegenüberstellung von Interviewformen

	Standardisiertes Interview	Leitfaden-Interview	Narratives Interview
Leitfaden	Detailliert mit Antwortvorgaben	Themenblöcke	Beschränkt sich auf Einstiegsfrage
Vergleichbarkeit Systematik	Hoch	Mittel	Gering
Offenheit für Neues	Gering	Hoch	Sehr hoch
Herausforderung bei der Durchführung	„Leitfadenbürokratie"	Alle Themen im Blick behalten	Gesprächssteuerung u. offene Grundhaltung

3.2 Instrumententwicklung: Leitfadenerstellung

Generell macht es natürlich für die Instrumentenentwicklung einen beträchtlichen Unterschied, wie hoch der geplante Standardisierungsgrad des Interviews ist.

Bei einem narrativen Interview besteht das „Instrument" primär in einer passend formulierten, anregenden, erzählgenerierenden Frage.

Beispiel für eine narrative Einstiegsfrage
„Erzählen Sie mir doch bitte, wie es dazu gekommen ist, dass Sie ein Unternehmen gegründet haben. Beginnen Sie möglichst früh in Ihrer Lebensgeschichte, am besten, als sie noch Kind waren, und erzählen Sie, was sich dann ereignet hat. Nehmen Sie sich alle Zeit, die Sie brauchen. Für mich ist alles interessant, auch Details!"

Die Qualität der Erhebung ist hier weniger durch das Instrument im engeren Sinne, sondern vor allem dadurch bestimmt, dass es gelingt, eine Atmosphäre herzustellen, die einen Erzählfluss entfaltet. Es sollten dementsprechend auch keine Zwischenfragen gestellt und nur Aufmerksamkeit und neugieriges Interesse vermittelt werden.

Vertiefungsfragen zu Themen, die im Laufe des Interviews erwähnt, aber nicht ausgeführt wurden („immanentes Nachfragen"), werden bei offen narrativen Interviews erste am Ende des Erzählbogens gestellt. Erst wenn hier das Nachfragen erschöpft ist, werden neue Themen durch die InterviewerInnen eingebracht („exmanente Fragen“), also Fragen, die sich nicht mehr ausschließlich auf das Erzählte im engeren Sinne beziehen, sondern auf spezifischen Fragen der Forschung. D. h. nur für diese Fragephase eines narrativen Interviews gibt es etwas Ähnliches wie einen „Leitfaden“. Auch sollen erst zu diesem Zeitpunkt im narrativen Interview „Warum“-Fragen gestellt werden, die zu Begründungen, Erklärungen und subjektiven Theorien führen. Der Grund dafür ist, dass es schwierig ist, von den Erklärungen wieder auf die reine Erzählebene zurückzukehren (vgl. Przyborski & Wohlrab-Sahr 2010).

Anders ist es bei der Leitfadenerstellung von teilstrukturierten Interviews. Hier besteht ein sinnvolles Vorgehen darin, basierend auf den Forschungszielen etwa mit Hilfe eines Brainstormings mögliche interessante Fragen zu sammeln, und sobald abgesichert ist, dass alle wesentlichen Bereiche des Erkenntnisinteresses abgebildet sind, diese in eine sinnvolle zeitliche Dramaturgie zu bringen, etwa darauf zu achten, dass mit einer einfach zu beantwortenden, erlebnisnahen Frage (z. B. „Erzählen Sie mal, wie haben Sie von der Maßnahme überhaupt erfahren?“) begonnen wird – durchaus nicht unähnlich einem narrativen Interview, allerdings mit einer engeren Fokussierung.

Andere Zugänge, die zum Einstieg sinnvoll sein könnten, sind z. B.

- ein besonders interessantes/gelungenes/schwieriges etc. Erlebnis mit dem Thema,
- der bisheriger beruflicher Werdegang,
- erste Assoziationen zum Thema,
- Motivation, sich mit dem Thema zu befassen,
- Fragen nach den Gedanken und Gefühlen, mit denen der Interviewpartner zum Gespräch kommt.
- Auch einen Einstiegsimpuls (z. B. polarisierende Einstiegsthesen, Filmvorgabe, kurzer Zeitungsartikel etc.) zu wählen ist sinnvoll und meist bei Gruppendiskussionen obligatorisch.

Der Leitfaden ist die Grundlage für den Ablauf des Interviews. Alle wichtigen Aspekte, die im Interview zur Sprache kommen sollen, müssen im Leitfaden enthalten sein. Der Leitfaden liefert ein Gerüst für die Erhebungen und für die spätere Analyse und stellt sicher, dass die Ergebnisse unterschiedlicher Interviews miteinander vergleichbar sind.

Ein häufiger Fehler bei der Leitfadenerstellung von strukturierten oder teilstrukturierten Interviews ist, dass manche Themen nicht einfach direkt abgefragt werden können, sondern auch das Forschungsinteresse im Leitfaden „operationalisiert“ werden muss (Gläser & Laudel 2010): Wenn ForscherInnen etwa über die Praxis von Diversitätsmanagement im Alltag von Unternehmen forschen wollen, ist die – auf den ersten Blick sehr naheliegende – Frage „Was ist Ihre Einstellung zu Diversitätsmanagement" wenig erfolgversprechend. Hier werden als Antwort Argumente für oder vielleicht auch gegen das Konzept „Diversitätsmanagement" vorgebracht und eher kleine Vorträge – eventuell mit sozial erwünschten Inhalten – und subjektive Theorien darüber stimuliert. Aber es lässt sich damit nur wenig über die reale gelebte Praxis erfahren. Da auf die Frage dennoch – möglicherweise sogar sehr ausführliche – Antworten gegeben werden, übersieht man leicht den Konstruktionsfehler der Frage und verwechselt damit – im schlimmsten Fall bis hinein in die Auswertung – die gemachten Äußerungen mit dem realen Tun und der gelebten Praxis, quasi die Landkarten mit den Landschaften.

Weitaus hilfreicher ist es, hier eher nach konkreten Situationen, wann Unterschiede als bereichernd, wann als irritierend erlebt wurden etc. zu erfragen. Im Übrigen gilt es zu überlegen, ob es nicht sinnvoll wäre, die Fragestellung durch ergänzende Beobachtungsverfahren zu bearbeiten.

Wie strukturiert der Leitfaden ist, ist letztlich eine Geschmacksfrage. Bedeutsam ist, dass er in der Interviewdurchführung gut handhabbar ist. Generell kann eine höhere Strukturierung durchaus hilfreich sein kann – speziell wenn es darum geht, den Überblick in der (manchmal durchaus ja auch herausfordernden) Interviewsituation zu behalten und hier eher im Blick zu haben, welche großen Themenblöcke behandelt werden sollen.

Gleichzeitig soll der Leitfaden aber auch kein einengendes Korsett, das den Blick auf ungewohnte Gesichtspunkte verstellt, sein. Nur so führt das Gespräch zu neuen und überraschenden Aspekten, die bei der Leitfadengestaltung unter Umständen gar nicht bedacht wurden. Hopf warnt vor der Gefahr der „Leitfadenbürokratie", die aus folgenden Gründen entstehen kann:

> Schutzfunktion, die der Leitfaden für InterviewerInnen bei der Bewältigung der verunsichernd offenen Interviewsituation darstellt;
> Angst der InterviewerInnen vor der Illoyalität gegenüber den Forschungszielen (etwa weil eine Frage weggelassen wird);
> Dilemma zwischen dem Zeitdruck aufgrund der begrenzten Zeit der InterviewpartnerInnen und dem Informationsinteresse der InterviewerInnen. (Vgl. Hopf 2009)

Hier ist es ratsam, genügend Offenheit für neue Themen zu bewahren und gleichzeitig aber auch im Blick zu behalten, dass alle wichtigen Themen des Leitfadens zur Sprache kommen. Letztlich ist es aber nur ad hoc in der konkreten Interviewsituation zu entscheiden, welche Frage schon en passant beantwortet wurde und daher weggelassen werden kann, wann es besser ist, bei thematischen Abweichungen diese eher durch Nachfragen zu vertiefen, und wann es ratsam ist, zum Leitfaden zurückzukehren.

Diese permanente Vermittlung zwischen dem Leitfaden und dem Interviewverlauf setzt eine hohe Sensibilität für die Person der/des Interviewten und die Gesprächsdynamik sowie ein großes Maß an Überblick über das bereits Gesagte und dessen Relevanz für die Forschungsfragestellung voraus.

Beispiel: Ausführlicher Interviewleitfaden im Rahmen einer qualitativen Projektevaluierung

1. **Einstieg und Motivation**

> Persönlicher Zugang zum Projekt, Motivation
- Was hat Sie bewogen, am Projekt teilzunehmen?
- Wie ist das Projekt aus Ihrer Sicht entstanden?

> Was waren rückblickend Ihre Erwartungen und Befürchtungen bezüglich des Projekts?
- Welche sind eingetroffen?
- Welche Erwartungen haben sich im Laufe des Projekts verändert?

2. **Globalbewertung des Projekts**

> Welche drei Eigenschaftswörter fallen Ihnen spontan zum Projekt ein?
> Was ist das Besondere am Projekt aus Ihrer Sicht?

3. **Ziele und Ergebnis**

> Was waren rückblickend die zentralen Ziele beim Projekt?
- Welche konnten erreicht werden? Warum? Wie ist es gelungen?
- Welche konnten nicht erreicht werden? Warum nicht?
- Gab es sonstige unerwartete positive oder negative Auswirkungen des Projekts, Überraschungen, nicht intendierte Effekte?

> Wie zufrieden sind Sie mit den Ergebnissen?

> Wie würde Sie die Qualität der Ergebnisse auf einer Skala von 1 bis 10 beurteilen?
  - Was fehlt auf den Bestwert 10?

> Was glauben Sie, wie zufrieden sind andere mit dem Ergebnis (andere MitarbeiterInnen im Projekt, AuftraggeberInnen, Projektleitung, Betroffene etc.)?

4. Prozessverlauf

Rückblick

> Was waren wichtige Phasen?
  - Warum waren sie wichtig?

> Was hat besonders gut funktioniert?
  - Worauf führen Sie das zurück?

> Welche Schwierigkeiten sind aufgetreten?
  - Worauf führen Sie sie zurück?
  - Wie ist damit umgangen worden?
  - Was hat sich dabei bewährt?
  - Was nicht? Was hätte man besser machen können?
  - Sehen Sie noch andere alternative Lösungsmöglichkeiten?

> Wer wurde einbezogen?
  - Wer hat retrospektiv gefehlt?

> Welche Prozesse haben den Verlauf geprägt?
  - Was waren (emotionale) Highlights?
  - Was waren Tiefpunkte?

Gegenwart

> Wo steht das Projekt gerade?
  - Was sind die aktuellen Herausforderungen?

Zukunft

> Was ist Ihre Prognose für den weiteren Projektverlauf?

5. Abschluss
> Gibt es noch Aspekte, die wir bisher noch nicht angeschnitten haben?
> Was gibt es sonst noch zu sagen?
> Was war Ihre persönliche bisher wichtigste Lernerfahrung?

Dank für das Interview!

3.2 Interviewhaltung und -technik

Die Tiefe eines Gesprächs ist nicht primär eine Frage des verwendeten Leitfadens im engeren Sinne, sondern eine der sozialen Kompetenzen und wie sehr es hier gelingt, eine angenehme, offenherzige Atmosphäre herzustellen. Das lässt sich durch soziale Techniken nur beschränkt herstellen, sondern setzt ein tatsächlich vorhandenes, ehrliches Interesse an der Meinung des Gegenübers voraus. Gleichzeitig ist es ebenso wichtig, die Künstlichkeit der Situation, die sich von einem entspannten Alltagsgespräch durch deutliche Asymmetrie in den Gesprächsrollen unterscheidet, nicht zu verschleiern.

Die folgenden Prinzipien und Techniken haben sich beim Führen von Interviews gut bewährt.

Warming-up und Kontextklärung

Um eine konzentrierte Gesprächsatmosphäre herzustellen, ist es notwendig, für das Gespräch ausreichend Zeit einzuplanen und den Beginn für die Entwicklung eines angenehmen und offenen Gesprächsklimas zu nutzen. Die Bereitschaft des Befragten, Informationen zu geben, hängt in erster Linie davon ab, ob es gelingt, eine situationsangemessene Vertrauensatmosphäre zwischen InterviewerIn und InterviewpartnerIn aufzubauen. Wichtig dafür ist, den Kontext des Interviews zu klären und transparent zu machen, was mit den Ergebnissen passiert. Die Offenheit, mit der InterviewerInnen ins Gespräch einsteigen, findet Niederschlag in der Offenheit, die die Interviewten im Gespräch voraussichtlich entwickeln werden.

Es ist hilfreich, Themen und Informationen, die den InterviewpartnerInnen am Beginn gegeben werden müssen, als Checkliste auszuformulieren.
Themen, die für den Beginn wichtig sind, sind z. B.:
> sich bedanken für die Bereitschaft zum Interview,
> sich selbst vorstellen,
> Kontext klären,

- Thema kurz vorstellen,
- auf den elektronischen Mitschnitt hinweisen und Erlaubnis einholen,
- Länge ankündigen,
- auf Gesprächscharakter hinweisen (offene Fragen, keine richtigen oder falschen Antworten, spontane Äußerungen sind willkommen etc.)
- positives „Kompliment" (z. B. „Ich bin neugierig auf Ihre Erfahrung als Expertin") am Beginn, um mit dem/der GesprächspartnerIn in Kontakt zu treten. Ein solches muss aber ehrlich gemeint sein, sonst wirkt es wie ein „Psychotrick" und irritiert mehr, als es nützt.

Wie es am besten gelingt, mit den GesprächspartnerInnen eine entspannte, anregende Atmosphäre herzustellen, ist natürlich ein bisschen Stil- und Geschmacksfrage. Soziodemografischen Fragen nach Alter, Familienstand etc. begünstigen aber einen Einstieg, der zum offenen Erzählen anregt, sicherlich nicht.

Generell ist es meistens sinnvoll, sobald der Kontakt zwischen InterviewerIn und Interviewten/Interviewter hergestellt ist, recht zügig zum angekündigten Interviewthema vorzudringen.

In der Fragehaltung bleiben

Aufgabe von InterviewerInnen ist es, durchgehend in der Fragehaltung zu bleiben und keine eigenen Bewertungen und Anschauungen in das Interview einzubringen. Die Grundhaltung orientiert sich dabei an dem Paradigma nondirektiver Gesprächsführung (Rogers 1983). Ihre Hauptfunktion besteht damit darin, den Gesprächsverlauf im Blick zu behalten, Impulsfragen zu stellen und ansonsten den Interviewten einen maximal großen Spielraum beim Beantworten der Fragen und bei der Reflexion über den Forschungsgegenstand zu geben.

Offene Fragen

Förderlich für die Etablierung einer reflexionsfördernden Fragehaltung ist es, einfache und offene Fragen (sogenannte „W-Fragen": Was?, Warum?, Wie?, Wann?, Wer?, Wo? etc.) zu stellen. Es ist hilfreich, die GesprächspartnerInnen dazu aufzufordern, konkret zu sein oder Beispiele zu bringen sowie etwas detaillierter auszuführen („Erzählen Sie doch, wie war das genau? Wer war da noch dabei? Wie haben Sie sich dabei gefühlt?" etc.). Geschlossene Fragen dagegen, die nur mit Ja oder Nein beantwortet werden können, bergen das Risiko, dass sie nicht zu weiteren Ausführungen einladen.

Selbstverständlich sollen Suggestivfragen, also Fragen, in denen die gewünschte Antwort schon enthalten ist, vermieden werden. Ein bewusster Einsatz (z. B. „Glauben Sie nicht auch, dass es wichtig ist, zeitgerecht für die finanzielle Vorsorge in der Pension zu sorgen?") wird im Übrigen von den InterviewpartnerInnen meistens durchschaut und – zu Recht – als mehr oder weniger plumper Manipulationsversuch erlebt.

Paraphrasieren
Sinnvoll ist es, als Ergänzung zu den offen explorierenden Fragen dazwischen immer wieder das Gehörte zusammenzufassen, um das eigene Verständnis zu überprüfen und den InterviewpartnerInnen Information darüber zu geben, was in welcher Weise beim Interviewer/bei der Interviewerin ankommt („aktives Zuhören").

Nachfragen
Bei einer offenen Interviewführung ist es oft notwendig und sinnvoll, spontan zu neuen Themen, die nicht im Interviewleitfaden vorgesehen sind, aus dem Stand heraus Nachfragen zu entwickeln. Dabei ist es oft hilfreich – speziell, wenn die Befragten zu abstrakt-sachlich argumentieren oder aber sehr knappe Antworten geben –, Impulse zu setzten, um die Ausführungen zu konkretisieren.

- Haben Sie ein Beispiel dafür?
- Wie war denn das ganz konkret?
- Wie ist es Ihnen dabei gegangen?
- Können Sie das noch genauer ausführen?
- Wie haben Sie sich gefühlt?

Wenn dann noch immer wenig konkrete Antworten kommen, dann gilt es zu respektieren, dass die GesprächspartnerInnen nicht mehr dazu sagen können (oder wollen).
Weiters ist es, in Anlehnung an Froschauer & Lueger (2003), oft sinnvoll, zeitlich, sachlich und sozial ausgerichtete Fragen bei der Hand zu haben.

Nachfragen zur zeitlichen Dimension

- Wann ist das passiert?
- Seit wann ist das so?
- Wie lange, glauben Sie wird das noch so bleiben?
- Etc.

Nachfragen zur sachlichen Dimension

- Was war die Ursache dafür?

- Was war die Folge?
- Was hat das alles ausgelöst?
- Was ist noch passiert?
- Etc.

Nachfragen zur sozialen Dimension

- Wer hat hier, glauben Sie, eine ganz andere Meinung?
- Wer hat noch die gleiche Meinung?
- Wer war bei dem Prozess wichtig?
- Etc.

Pausen aushalten

Eine weitere nützliche Gesprächstechnik ist es, Pausen im Gespräch zuzulassen. Fragen, die bisher vielleicht wenig bedachte Aspekte berühren, brauchen Zeit, um beantwortet zu werden. Es ist hier in aller Regel sinnvoll, entstehende Gesprächspausen nicht vorschnell durch eine weitere Frage oder eine Erklärung zu unterbrechen, sondern dem Gegenüber etwas Zeit zum Nachdenken zu lassen. Aber natürlich ist es auch zu respektieren, wenn jemand auf einen Frage keine Antwort geben kann oder möchte.

„Expertise des Nichtwissens"

Oft haben InterviewerInnen eine Scheu, scheinbar Selbstverständliches nachzufragen, um sich keine Blöße zu geben. Allerdings steigt die Qualität der Interviews, wenn die GesprächspartnerInnen gebeten werden, ihre Alltagspraxis auszuführen. Die Aufgabe der InterviewerInnen besteht darin, „Selbstverständlichkeiten" einer vertieften Beschreibung zugänglich zu machen.

Umgang mit Ausschweifungen

Bei GesprächspartnerInnen, die sich sehr ausufernd zu Themen, die mit der Forschungsfrage nichts zu tun haben, äußern, ist zu bedenken, dass manche in der Interviewsituation unpassend wirkende Ausschweifungen sich dann beim Abhören des Tonbandprotokolls als durchaus interessant und mit dem Thema in Beziehung stehend herausstellen. Gerade bei Personen, die die InterviewerInnen mit einer Vielfalt an Antworten konfrontieren, ist es besonders nützlich, die Informationen auf Basis des Tonbands später in Ruhe noch aussortieren und genauer studieren zu können.

Die Bitte an schnell und viel sprechende Personen, doch etwas langsamer zu sprechen, ist dagegen meist wenig hilfreich. Oft ist das schnelle Sprechen auch Ausdruck von Unsicherheit und hier kann die noch so freundlich formulierte Aufforderung, langsamer zu sprechen, den Stress noch mehr erhöhen und paradoxerweise zu noch mehr Geschwindigkeit oder aber auch einem gänzlichen Verstummen der GesprächspartnerInnen führen. Letztlich gilt es, der InterviewpartnerIn den Raum zu geben, in der für sie eigenen Weise ihre Gedanken entwickeln zu können.

Umgang mit Informationen *nach* dem Interview

Nach dem Interview, wenn das Tonband bereits abdreht ist und noch ein bisschen Smalltalk geführt wird, kommen immer wieder noch interessante Äußerungen der GesprächspartnerInnen. Zuweilen werden auf einmal die Inhalte erzählt, die sich der Interviewer oder die Interviewerin eigentlich im Interview gewünscht hätte. Das führt zur methodisch und forschungsethisch schwierigen Frage, ob dieses Material dann verwendet werden darf. Eine korrekte Vorgehensweise ist es, darauf hinzuweisen, dass das noch interessante und wichtige Beiträge zum Thema sind, und direkt zu fragen, ob diese noch mitprotokolliert und verwenden werden dürfen. Idealerweise wird auch das Tonband wieder eingeschaltet, wobei natürlich das Risiko besteht, dass der Redefluss in der formalisierteren Interviewsituation wieder erlahmt.

Authentisch bleiben

Je offener und unverstellter sich InterviewerInnen geben, desto eher werden auch die GesprächspartnerInnen sich öffnen. Eine sehr technische Anwendung der Gesprächsverfahren führt entsprechend zu einer verkrampften Gesprächssituation. Hier offen, auch bei Unsicherheiten, zu reagieren, zeugt von größerem Know-how als glatte „Pseudo-Professionalität". Gleichzeitig gilt es aber auch, den gegenüber Alltagsgesprächen anderen Gesprächscharakter und die anders definierten Rollen nicht zu verschleiern.

3.4 Exkurs: Systemische Fragetechnik[7]

In der psychosozialen Beratung, aber auch in der Organisationsentwicklung haben sich systemische Fragetechniken, die im Kontext des familientherapeutischen Arbeitens entwickelt wurden (Schlippe & Schweitzer 2000, Simon & Rech-Simon 1999) zunehmend als wichtiges Interventionsrepertoire etabliert. Systemisches Fragen hat mehrere Funktionen:

7 Adaptiert aus Zepke 2005.

- Informationsgenerierung im System anstoßen,
- etablierte Sichtweisen differenzieren und „verflüssigen",
- strukturelle Relationen aufzeigen und Beziehungen zwischen Subsystemen bzw. Personen verdeutlichen,
- unterschiedliche Wirklichkeitskonstruktionen transparent machen,
- bisherige Lösungsversuche beschreiben,
- auf Gedankenexperiment schicken,
- den Blick auf vorhandene Ressourcen lenken.

Systemische Fragen stellen ein ausgezeichnetes Repertoire an Fragen dar, das nicht nur in Beratungssequenzen, sondern auch bei Gruppen-, aber auch Einzelinterviews nützlich ist. In den letzten Jahren wird verstärkt die Nutzung von systemischen Fragen im Kontext von wissenschaftlichen Arbeiten diskutiert (Pfeffer 2001). Die in der Familientherapie entwickelte systemische Fragetechnik wird hier als Möglichkeit einer Erhebungsmethode für die ansonsten wenig empirieorientierte soziologische Systemtheorie gesehen.

Folgende systemische Fragetypen haben sich für die qualitative Forschung als besonders nützlich erwiesen:

Lösungsorientierte Fragestrategie

Oft wird unverhältnismäßig viel Energie in die Beschreibung und Definition von Problemen und erstaunlich wenig in die Beschreibung und Definition möglicher Lösungen investiert. Aus diesem Grund legt Steve De Shazer in seinem lösungsorientierten Ansatz den Fokus auf die Suche nach Lösungen und behauptet, dass ein genaues Verständnis des Problems oft gar nicht notwendig ist, um zu befriedigenden und stabilen Lösungen zu kommen. Dabei wird nach Ausnahmen zum Problemzustand gesucht. Indem die Kontextbedingungen und Voraussetzungen des Nichtauftretens des Problems identifiziert werden, werden in einem nächsten Schritt Strategien entwickelt, diese Kontextbedingungen häufiger herzustellen. Dafür ist ein genaues Verständnis des Problems keineswegs nötig. (Vgl. De Shazer 1999)

In der Sozialforschung ist es natürlich ebenso hilfreich, nicht nur eine sorgfältige Beschreibung von vorhandenen Schwierigkeiten zu erfassen, sondern auch zu erheben, welche Vorstellungen von Lösungsszenarien bestehen und ob es nicht schon reale positive Erfahrungen und Praktiken gibt, die es zu verbreitern gilt. Gerade bei Evaluierungen besteht zuweilen die Gefahr, einseitig die Schwierigkeiten bei einem Projekt zu betonen. Deshalb ist es sinnvoll, auch hier nach Ausnahmen und nach bereits erfolgreich praktizierten „models of good practice" zu suchen.

Beispiel: Lösungsorientierte Fragen
> Wann läuft es gut?
> Was ist dann anders, als wenn es schlecht läuft?
> Was wird in diesen Situationen getan, damit das Problem nicht auftritt?
> Was muss passieren, damit solche Ausnahmen häufiger auftreten?
> Wer kann wie dazu beitragen, dass die Ausnahmen häufiger werden?

Ein Effekt dieser Frageform besteht darin, dass die GesprächspartnerInnen die schwierigen Situationen differenzierter beschreiben und Ansatzpunkte dafür finden, wo eine zufriedenstellendere Gestaltung der Situation in ihrem eigenen Handlungsspielraum liegt.

Hypothetische Fragen

Hypothetisches Fragen lädt zu Gedankenexperimenten ein. „Was wäre wenn ..." leitet einen Nachdenkprozess ein, der über bisherige Erklärungsmuster hinausführen kann. Der Befragte kann eine „Als-ob-Realität" entwerfen und gefahrlos (da ohne Notwendigkeit zu unmittelbarem Handeln: es ist ja „nur" ein Gedankenexperiment) neue Möglichkeiten andenken. Neben dem Potenzial, einseitige Erklärungsmuster zu verflüssigen, können daraus auch Rückschlüsse auf aktuelle Ängste und Hoffnungen gezogen werden, die durch direktes Erfragen nicht immer deutlich würden.

Besonders bekannt ist in diesem Zusammenhang die sogenannte „Wunderfrage" (De Shazer 1999), in der es darum geht auszuführen, was passieren würde, wenn alle aktuellen Schwierigkeiten, „wie durch ein Wunder" schlagartig verschwunden wären. Anstatt der ansonsten häufig sehr globalen und unspezifischen Unzufriedenheiten und Wünsche, die häufig etwa bei Evaluierungen geäußert werden, werden durch die „Wunderfrage" häufig sehr konkrete spezifische Verhaltensweisen beschrieben, aus denen sich manchmal wichtige Konkretisierungen für die angestrebten Ziele ableiten lassen.

Beispiel: Hypothetisches Fragen I
> Was würde geschehen, wenn die Schwierigkeiten, die Sie beschreiben, schlagartig verschwunden wären?
> Was wäre dann anders?
> Was würde sich nicht ändern?
> Was würden Sie persönlich anders machen?
> Wer würde es als Erster merken? Wer als Letzter?
> Wer wäre am meisten überrascht?

> Wer wäre am meisten erleichtert?
> Für wen hätte es vielleicht auch Nachteile?

Bei den letzten angeführten Fragen geht es darum, mit dem Verschwinden von Schwierigkeiten verbundene, nicht intendierte Konsequenzen zu identifizieren und damit Hypothesen zu entwickeln, was „das Gute im Schlechten" (Watzlawick 1986) und die Funktionalität des Problems sein könnte.

Eine andere Richtung hypothetischer Fragen bezieht sich auf die Konkretisierung der Zukunft und das Ausmalen der Vor- und Nachteile aktueller Entwicklungen.

Beispiel: Hypothetisches Fragen II

> Wenn das Qualitätsmanagement fünf Jahre in Ihrem Unternehmen angewandt sein wird, was wird dann anders sein?
> Was klappt besser?
> Was ist gleich geblieben?
> Was hat sich vielleicht verschlechtert?

Paradoxe Fragen

Ein besonders hohes Irritationspotenzial bergen Fragen, die paradox angelegt sind und damit dem Alltagsverständnis völlig entgegengesetzt sind. Die eigentümlich wirkende Frage, wie man etwa eine Maßnahme zum völligen Scheitern bringen könnte, zielt darauf ab, Möglichkeiten der aktiven Steuerung des Geschehens durch die GesprächspartnerInnen zu identifizieren. Oft wird ein missglücktes Projekt als schicksalsgegeben gesehen oder es gibt schon völlig klare Schuldzuweisungen. Durch paradoxe Fragen werden eigene Anteile und Handlungsmöglichkeiten, die eigene „Mittäterschaft" erhoben.

Beispiel: Paradoxe Fragen

> Wie könnte man die Situation schlimmer machen?
> Wer müsste was machen?
> Was könnten Sie persönlich dazu beitragen?
> Wie gelingt es der Geschäftsführung, dass Ihre Vorschläge vom Vorstand nicht aufgegriffen werden?

Als Intervention in der psychosozialen Beratung kann eine solche Frage sehr wirkungsvoll sein. Im Forschungskontext, birgt dieser Fragentyp aufgrund seines Irritationspotenzials aber einige Risiken und sollte deshalb besonders vorsichtig angewandt werden.

Zirkuläre Fragen

Im Gegensatz zu nahe liegenden Fragen nach den Einstellungen, Meinungen und Beziehungen des/der Interviewten, wird beim „zirkulären Fragen" nach den vermuteten Einstellungen und Relationen anderer gefragt. Das Konzept hinter dieser paradox anmutenden und konterintuitiven Vorgehensweise ist, dass Vermutungen über die Meinungen und Relationen *anderer* relevanter Personen und Gruppen – unabhängig davon, ob sie mit den tatsächlichen Einstellungen und Beziehungen übereinstimmen – die Realität und das Verhalten aller Beteiligten stark beeinflussen. Ein Beispiel für zirkuläres Fragen bei Interviews etwa ist, wenn ein Projektgruppenmitglied befragt wird, wie es die Zufriedenheit des Auftraggebers/der Auftraggeberin mit dem Projekt einschätzt. Diese Frageform zielt darauf ab, die eigene Perspektive probeweise aufzugeben und mit anderen Perspektiven und Sichtweisen zu experimentieren. Weiters kann davon ausgegangen werden, dass die Vermutungen über die Zufriedenheit des Auftraggebers/der Auftraggeberin einen Einfluss auf das soziale Geschehen in der Projektgruppe haben – wie gesagt, unabhängig davon, ob diese mit dessen tatsächlicher Zufriedenheit übereinstimmen oder nicht.

Ihre maximale Interventionsstärke entfalten zirkuläre Fragen v. a. in Gruppeninterviews, wo Fragen über Dritte in deren Anwesenheit gestellt werden (d. h., wo im obigen Beispiel der Auftraggeber ebenfalls im Raum ist). Die Beantwortung der Frage stellt damit quasi ein bewusst eingesetztes „Tratschen über andere in deren Anwesenheit" (Schlippe & Schweitzer 2000, S. 142) dar. Damit können durch zirkuläres Fragen Relationen und wechselseitige Zuschreibungen deutlich gemacht und u. U. gleich ein Stück weit ausdifferenziert oder aufgelöst werden.

Aber auch bei Einzelinterviews können zirkuläre Fragen überraschende neue Aspekte zutage bringen. Es ist damit möglich, eine Landschaft wechselseitiger Zuschreibungen zu erheben und Übereinstimmungen, aber vor allem auch Unterschiede deutlich zu machen.

Beispiel: Zirkuläre Fragen

- > Wie würde wohl Ihr Partner die Situation einschätzen?
- > Wie sieht das wohl aus der Perspektive der KollegInnen aus der anderen Abteilung aus?
- > Wie, denken Sie, ist das Verhältnis zwischen Frau X und Herrn Y?
- > Haben Sie Vermutungen, wie es den anderen Führungskräften mit den Veränderungen ergangen ist?

Skalierungsfragen

Unter Skalierungsfragen werden in der systemischen Beratung Fragen verstanden, in denen Einschätzungen an Hand einer quantitativen Skala abgefragt und durch Nachfragen ausdifferenziert werden. Diese sind meist gut anschlussfähig, weil sie der Rollenerwartung, die viele Interviewte ForscherInnen entgegenbringen, nämlich quantitative Zahlen zu erheben, entspricht. Weiters sind sie gut einsetzbar, um die Komplexität, die bei teilstrukturierten Interviews entsteht, phasenweise zu reduzieren und die GesprächspartnerInnen anzuregen, sich festzulegen.

Allerdings ist der Zahlenwert – anders als bei standardisierten Interviews – dabei eher ein Nebenprodukt, das aber natürlich als Verdeutlichung genutzt werden kann. Interessanter sind aber vor allem die Ausführungen, die im Zuge der darauf folgenden Fragen (siehe Beispiel) angestoßen werden.

Beispiel: Skalierungsfragen

- > Wie würden Sie die Intensität des Konflikts auf einer Skala von 0 bis 10 (0 ist der niedrigste, 10 der höchste Wert) bewerten?
- > Was fehlt auf die Bewertung 0?
- > Was müsste passieren, damit Ihre Bewertung 10 ist?
- > Was müsste passieren, damit sich die Bewertung verändert?

Metaphorische Fragen

Metaphorische Fragen werden als Möglichkeit eingesetzt, eine Beschreibung auszudifferenzieren und mit tendenziell emotional aufgeladenen Bildern anzureichern. Auch in Interviews ist es sinnvoll, Metaphern – die Aspekte deutlich machen können, die bei einer rein analytischen Beschreibung nicht sichtbar werden würden – zu verwenden. Nützlich ist das Arbeiten mit Metaphern vor allem dann, wenn der Eindruck entsteht, dass durch die rein rationale Beschreibung der Situation, wichtige, oft affektive Aspekte unberücksichtigt bleiben. Allerdings ist auch bei metaphorischen Fragen darauf zu achten, dass damit die Befragten nicht übermäßig irritiert werden.

Beispiel: Metaphorisches Fragen

- Wenn das Projekt ein Schiff wäre, wie würde es aussehen? Wäre es ein Luxusdampfer, ein Kanu, eine elegante Jacht, ein Wahlfänger etc.?
- Welche Farbe hätte es?
- Welche Projektgruppenmitglieder hätten am Schiff welche Funktion?
- Wie sind die Wetterbedingungen auf See?

Grenzen und Risiken von systemischen Fragen

Generell sind systemische Fragen unkonventionell, stehen oft im Widerspruch zum Alltagsverständnis und bergen ein beträchtliches Irritationspotenzial für den Interviewten/die Interviewte. Die Irritation kann zu einer konstruktiven Verstörung führen und damit neue Aspekte ans Licht bringen, die bei einer ausschließlich offenen Fragehaltung nicht deutlich werden würden. Wenn die Irritation aber überwiegt, kann es dazu kommen, dass der Interviewte/die Interviewte sich nicht ernst genommen fühlt und die Gesprächsbasis zum Interviewer nachhaltig gestört ist.

Deshalb ist zu beachten, dass systemische Fragen dosiert eingesetzt werden. Als Erfahrungsregel hat es sich bewährt, nicht mehr als drei systemische Fragen pro Interview zu stellen.

Systemisches Fragen ist nicht nur Technik, sondern bedarf einer neugierigen und wertschätzenden Grundhaltung. Deshalb sind sie nicht als Sozialtechnologie zu verstehen, sondern als punktuelle Ergänzung zu einer Grundhaltung der offenen non-direktiven Gesprächsführung.

Generell ist stilistisch darauf zu achten, dass die Fragen alltagssprachlich formuliert sind und dass InterviewerInnen nicht – fasziniert von der Eleganz der Vorgehensweise – systemische Fragen zum Selbstzweck stellen. Ob eine systemische Frage sinnvoll ist oder überwiegend für Verwirrung sorgt, ist in jeder Situation aufs Neue zu entscheiden.

4 Gruppeninterviews

Wenn die qualitative Erhebungsstrategie auf Interviews basiert, ist es naheliegend zu überlegen, nicht nur Einzelinterviews durchzuführen, sondern GesprächspartnerInnen im Rahmen von Gruppenerhebungen zusammen zu befragen. Vieles von dem, was zu Interviewhaltung und Technik bei den Einzelinterviews ausgeführt wurde, trifft auch auf Gruppeninterviews zu, allerdings gibt es bei Gruppeninterviews auch einige – teils sehr grundsätzliche – Besonderheiten, die vor allem mit der höheren sozialen Komplexität von Gruppen gegenüber Zweiersettings zu tun haben und mit denen zusätzliche reizvolle Forschungsmöglichkeiten, aber auch methodische Herausforderungen verbunden sind.

Folgende Vorteile werden bei Gruppeninterviews gegenüber Einzelinterviews genannt (Flick 2009, Zepke 2005)

> Die Gruppe führt zu einer zusätzlichen Dynamisierung. Die TeilnehmerInnen stimulieren sich wechselseitig, regen sich in ihren Erinnerungen und Bewertungen an. Deshalb wird davon ausgegangen, dass in Gruppendiskussionen Inhalte und Meinungen entwickelt und geäußert werden, die über die Antworten Einzelner hinausreichen und die Hinweise auf kollektive Bewertungen geben können. Damit sind Gruppeninterviews zur Analyse von Alltagsbewusstsein besonders gut geeignet. Ein zusätzlicher Nebeneffekt der Gruppendynamik ist, dass durch die Gruppe eine Korrektur extremer und untypischer Meinung und damit eine implizite Validierung der Ergebnisse stattfindet.
> Die Situation ist für die Befragten, da sie als Einzelperson weniger im Rampenlicht stehen, oft entspannter und weniger künstlich als die einer Einzelbefragung.
> Weiteres hat die Gruppendiskussion natürlich den Vorteil größerer Ökonomie. In einem einzigen Erhebungsschritt können mehrere Perspektiven erhoben werden.

Dem steht allerdings auch eine Reihe von Nachteilen von Gruppeninterviews gegenüber:

> Die Stärke des Verfahrens, die Nutzung des Faktors Gruppe, ist gleichzeitig dessen Schwäche: Durch die Dynamik der Gruppe erfolgt eine beträchtliche Erhöhung der Komplexität der sozialen Situation. Stehen individuelle Einstellungen und Bewertungen im Vordergrund, besteht

immer die Frage, wie stark diese durch gruppendynamische Effekte überlagert sind.
> Gruppen bieten dem Einzelnen nicht nur Schutz, sondern sind für das Individuum auch eine potenziell Angst auslösende Herausforderung. Es kann etwa schwierig sein, sich dem Konformitätsdruck einer Gruppe zu entziehen, sich gegenüber „VielrednerInnen" durchzusetzen oder eine kontroversielle Meinung gegenüber hierarchisch höher Stehenden zu vertreten.
> Der praktische Vorteil der Ökonomie der Befragung relativiert sich durch den ungleich größeren organisatorischen Aufwand, der mit der Zusammenstellung der Gruppe verbunden ist.

Die Leitung von Gruppeninterviews ist je nach Anlage der Erhebung (Fokusgruppe oder Gruppendiskussion, siehe unten) unterschiedlich zu akzentuieren. Jedenfalls ergeben sich moderationstechnisch für ForscherInnen zusätzliche Anforderungen. Neben der auch in Einzelinterviews notwendigen formalen und thematischen Steuerung ist bei Gruppeninterviews auch gruppendynamische und moderierende Kompetenz nötig. Weiters ist die Aufmerksamkeit der ForscherInnen noch mehr gefordert, da wertvolle Hinweise über die Beobachtung der Interaktion zwischen den Beteiligten sichtbar werden. Aus diesem Grund ist es bei Gruppeninterviews besonders wichtig, das Interview mit Hilfe eines MP3-Players oder möglicherweise sogar mit Video aufzuzeichnen.

Praktisch ist dabei zu beachten, dass die Transkription durch das häufig gleichzeitige und damit undeutliche Sprechen erschwert ist und dass es oft v. a. bei größeren Gruppen schwierig ist, die unterschiedlichen AkteurInnen auf dem Mitschnitt zu identifizieren.

4.1 Fokusgruppe versus Gruppendiskussion

Eine wesentliche Unterscheidung bei Erhebungsverfahren in Gruppen ist die zwischen „Fokusgruppen" und „Gruppendiskussionen".

Fokusgruppe
Im Rahmen von Fokusgruppen, welche in der Meinungsforschung oft eingesetzt werden, geht es in erste Linie darum, die Einzelmeinung der beteiligten Personen zu erheben. Die Gesprächsdynamik ist häufig „sternförmig", d. h., die InterviewerInnen stellen Fragen, die reihum von den einzelnen Teilnehmer-

Innen beantwortet werden. Diskussionen zwischen TeilnehmerInnen können zwar stattfinden, stehen aber nicht im Zentrum des Interesses. Der Umstand, dass die Erhebung in der Gruppe erfolgt, ist primär ein zeitökonomischer: mehr Personen können zum selben Zeitpunkt befragt werden – wobei sich dieser Vorteil, wie bereits erwähnt, durch den logistischen Aufwand, GruppenteilnehmerInnen zu koordinieren, oft relativiert.

Die Moderation einer Fokusgruppe entspricht einem klassischen Gruppenmoderationsstil: Die ForscherInnen sollen sich inhaltlich zurückhalten, aber versuchen, die Meinungen möglichst vieler Personen herauszuarbeiten. Es gilt, stark dominierende TeilnehmerInnen zu bremsen und schweigsame TeilnehmerInnen aktiv einzubinden, das Gespräch zu strukturieren, darauf zu achten, dass die relevanten Themen möglichst erschöpfend besprochen werden, und Abschweifungen zu verhindern.

Je nach Ausmaß an Strukturierung korrespondiert die Fokusgruppe von der Grundlogik und Herangehensweise mit dem strukturierten Einzelinterview bzw. teilstrukturierten Leitfadeninterview. Auch die entsprechenden Interviewhaltungen und Fragtechniken (offenes Fragen, systemische Fragetechnik etc.) sind hier nützlich.

Gruppendiskussion

Bei der Gruppendiskussion dagegen steht nicht die Meinung der Einzelpersonen im Zentrum. Vielmehr geht es darum, den Gruppenprozess und die Art und Weise, wie sich Meinungen herstellen, zu analysieren. Dabei wird von der Grundannahme ausgegangen, dass sich durch den Diskussionsprozess gesellschaftliche Praktiken manifestieren.

So wurde etwa in einer klassischen Studie des Frankfurter Instituts für Sozialforschung das politische Klima in Nachkriegsdeutschland nicht durch das explizite Erfragen politischer Meinungen erhoben, da von der naheliegenden Annahme ausgegangen wurde, dass gerade interessierende Phänomene wie Vorurteile, autoritäre Praktiken, Ausgrenzungsmechanismen gegenüber Minderheiten oder antisemitische Tendenzen beim direkten Erfragen kaum zum Vorschein kommen würden. In natürlichen Gesprächssituationen dagegen stellen sich eher – häufig unbewusst – informelle Gruppenmeinungen her. Weiters können nicht nur die Einzelaussagen selbst, sondern auch der Prozess, etwa in welcher Art und Weise über einzelne Themen sich Meinungen bilden und auf welche Art und Weise sich Argumentationsstränge durchsetzen oder eben nicht, analysiert werden.

Die Moderation einer Gruppendiskussion ist zurückhaltender, kaum direkt strukturierend und beschränkt sich meist auf einen Einstiegsimpuls (häufig das Vorlesen von polarisierenden Aussagen, Vorgabe eines Zeitungsartikels oder kurzen Films etc.). Damit ähnelt sie vom Prinzip her der psychoanalytischen Abstinenz, in der gerade dadurch, dass auf eine Steuerung durch Moderation verzichtet wird, die individuellen Konstruktionen und Relevanzmaßstäbe der TeilnehmerInnen ungefilterter und unbeeinflusst hervortreten können.

Die Moderation einer Gruppendiskussion wirkt nur auf den ersten Blick einfach: Es ist eine methodisch begründete Zurücknahme auch – und gerade – in Situationen, wo die ForscherInnen den Impuls verspüren, ordnend oder klärend in das Gruppengeschehen einzugreifen Sie setzt das Vertrauen voraus, dass sich relevante Themen „selbstläufig" manifestieren. Die ModeratorInnen müssen den Rahmen für Diskussionen sicherstellen und bei unter Umständen turbulentem oder auch zähem Meinungsaustausch als Sicherheit spendender „Container" fungieren.

Von der Grundlogik und Gesprächsführung her korrespondiert die Gruppendiskussion mit dem narrativen Interview.

Gegenüberstellung Fokusgruppe und Gruppendiskussion

	Fokusgruppe	**Gruppendiskussion**
Forschungsinteresse	Einzelmeinung der TeilnehmerInnen	Gruppenprozess und die Herstellung von Meinung
Häufiger Einstieg	Vorstellrunde und thematische Hinführung (z. B. „Wann haben Sie erstmals vom Thema XY gehört?")	Einstiegsimpuls (Film, Thesen, Text, Artikel etc.), anschließend freie Diskussion
Moderation	„Klassische" Moderation, Verwendung diverser Fragetechniken	Abstinent
Gesprächsdynamik	Sternförmig	Ungeordnet
Intervention	An Einzelne (z. B. „Wie sehen Sie denn das?")	An die gesamte Gruppe (z. B. „Bis jetzt wurden in der Gruppe v. a. der Aspekt x bzw. y diskutiert")
Umgang mit SchweigerInnen	Werden aktiv angesprochen und versucht zu integrieren	Werden nicht aktiv angesprochen, wird als empirisches Material gedeutet
Ähnlichkeit mit	(teil-)strukturierten Einzelinterviews	narrativen Einzelinterviews

4.2 Zusammensetzung der Interviewgruppe

Das soziale Setting und die Zusammensetzung der Gruppe sind sehr sorgfältig zu planen. Dabei muss auch mitberücksichtigt werden, dass Gruppeninterviews, insbesondere wenn Sie in einer Organisation stattfinden, einen starken Interventionscharakter haben. Folgende Designentscheidungen sind dabei von besonderer Bedeutung.

„Stranger Groups" oder reale Teams

Von einer realen Gruppe kann gesprochen werden, wenn die Personen, die im Arbeitsalltag miteinander kooperieren und z. B. eine Organisationseinheit bilden, gemeinsam interviewt werden. Der Vorteil realer Teams besteht darin, dass damit eine sehr alltagsnahe Kommunikationssituation hergestellt wird. Die ForscherInnen erhalten so auch als teilnehmende BeobachterInnen nützliches Material über die reale Interaktion in diesem Team.

Allerdings besteht dabei das Risiko, dass sich formelle, aber auch informell etablierte Machtkonstellation tradieren und damit wichtige Meinungen, die im Alltag nicht deutlich zum Ausdruck kommen, auch in der Forschungssituation verborgen bleiben. Während das in einer an der Untersuchung der zum Vorschein kommenden Sozialdynamik interessierenden Gruppendiskussion durchaus erwünscht sein kann, ist das in Fokusgruppen, die an einzelnen Meinungen zu konkreten Themen interessiert sind, eher problematisch.

Eine eigens für die Erhebung zusammengestellte Gruppe in ungewohnter Zusammenstellung („Stranger Group") hat dagegen unter sozialwissenschaftlichem Gesichtspunkt den Vorteil, dass die Meinungsbildung in dieser Konstellation quasi ‚bei null' beginnt.

Zu beachten ist, dass die Moderationsfunktion für ForscherInnen je nach Gruppenzusammensetzung unterschiedlich wahrzunehmen ist. Während bei realen Teams darauf zu achten ist, dass eingefahrene Routinen nicht übermächtig werden, muss man als ModeratorIn von Fokusgruppen die Gruppe einerseits dabei unterstützen, mit der Fremdheit umzugehen (z. B. über eine entsprechende Warming-up-Phase, Vorstellrunde etc.), andererseits dafür sorgen, dass die Vorannahmen über „die anderen" in der Gruppe sich nicht behindernd auswirken.

Homogene versus heterogene Gruppen

Die plausibel wirkende Unterscheidung zwischen homogenen und heterogenen Gruppen ist in der Praxis nicht so einfach zu treffen, wie es scheinen mag, denn die Homogenität bei der Gruppenzusammenstellung bezieht sich nur auf die von den ForscherInnen als relevant erachteten Faktoren. Unter Umständen erleben die konkreten Personen selbst eine für die ForscherInnen homogene Gruppe als höchst heterogen, da für sie andere Unterscheidungskriterien bedeutsam sind. Systemtheoretisch gesprochen: Was die relevante Leitdifferenz eines Systems ist, entscheidet das System selbst.

Homogenität kann bezüglich verschiedener Kriterien herzustellen versucht werden:

> Es kann sinnvoll sein, Gruppen nach **soziodemografischen Kriterien** (z. B. Geschlecht, Alter, Berufsgruppenzugehörigkeit, ethnokultureller Hintergrund etc.) zusammenzustellen.
> Wenn auf **Homogenität hinsichtlich der organisatorischen Verortung** geachtet wird, entspricht die Interviewgruppe einem realen Team, wie etwa einer Abteilung oder einem Projektteam etc.
> Bei der **Homogenität hinsichtlich der Funktion** werden etwa verschiedene Führungskräfte aus unterschiedlichen Bereichen in einer Gruppe zusammengefasst.
> Es kann sinnvoll sein, **homogene Gruppen hinsichtlich der (vermuteten) Einstellungen** zum Forschungsgegenstand zusammenzustellen, etwa Personen, die einem Verfahren bekanntermaßen ablehnend, und solche, die bekanntermaßen zustimmend eingestellt sind. Das Problem dabei ist, dass es schwierig zu entscheiden ist, auf wessen Einschätzung hinaus eine solche Einteilung stattfinden kann und welches Signal durch die Zuteilung gesetzt wird.

Bei Forschung innerhalb einer Organisation ist die Frage, nach welchen Kriterien die Gruppen zusammengesetzt werden, ein nicht zu unterschätzendes Signal, da damit zu erkennen gegeben wird, welche Unterscheidungen für den Auftraggeber/die Auftraggeberin der Forschung als relevant erachtet werden und welcher Bewertungsmaßstab damit implizit angelegt wird.

Aus systemischer Sicht ist es naheliegend, unterschiedliche Perspektiven zu sammeln und damit Differenzen verstärkt deutlich zu machen und zu nutzen. **Multiperspektivität** kann bei Forschungsdesigns letztlich über zwei Strategien hergestellt werden:

> Eine Strategie ist die Befragung von möglichst heterogenen Gruppen, in denen z. B. sowohl VertreterInnen aus dem Bereich Einkauf, als auch aus

den Bereichen Produktion sowie Vertrieb repräsentiert sind. Aufgabe der ModeratorInnen ist es, dafür zu sorgen, dass die verschiedenen Perspektiven in der Erhebung auch tatsächlich geäußert werden können.

> Allerdings zeigt sich, dass eine zu große Heterogenität in der Zusammensetzung durchaus problematisch sein kann, da das Fehlen eines gemeinsamen Erfahrungshintergrundes es schwierig macht, „selbstläufige Passagen" im Gespräch zu entwickeln (Przyborski & Wohlrab-Sahr 2010). Die Lebenswelten sollen nicht so unterschiedlich sein, dass sich kein gemeinsamer Themenbezug herstellen lässt. So reizvoll es sein kann, unterschiedliche Milieus miteinander in Austausch zu bringen, so sehr birgt es auch das Risiko, dass kein Diskussionsknoten entsteht. So kann sich beispielweise in einer Gruppendiskussion über Nutzung eines speziellen EDV-Produkts, wo sowohl IT-ExpertInnen als auch „TechnikskeptikerInnern" geladen sind, zeigen, dass die Diskussion schnell erlahmt: Die Anwendungserfahrungen der ExpertInnen ist für die SkeptikerInnen zu irrelevant, detailverliebt und inhaltlich unverständlich, die kritischen Einwände der SkeptikerInnen für die IT-Profis zu global und allgemein.

> Eine entgegengesetzte Strategie besteht darin, die verschiedenen Perspektiven durch mehrere verschiedene, in sich homogene Gruppen herzustellen, in denen z. B. jeweils eine Gruppe mit MitarbeiterInnen aus dem Bereich Einkauf, eine Gruppe aus dem Bereich Produktion und schließlich eine Gruppe aus dem Bereich Vertrieb befragt wird. Die Multiperspektivität wird damit durch die Gesamtarchitektur des Samplings sichergestellt.

4.3 Erweiterung der zeitlichen und sozialen Dimension von Gruppenerhebungen: Auswertungsworkshops und Großgruppenmethoden

Auswertungsworkshop

Grundsätzlich ist es natürlich möglich, ein Gruppeninterview bzw. eine Fokusgruppe auch länger als die „übliche" Interviewzeit von ca. zwei Stunden durchzuführen und die GesprächspartnerInnen etwa einen halben Tag oder auch länger mit der Reflexion zum Untersuchungsgegenstand zu befassen. Damit entsteht das Format des Auswertungsworkshops. Ein Workshop ist bei vielen Forschungsfragen zu Grundlagenthemen weniger geeignet, unter anderem deshalb, da nur im Ausnahmefall davon ausgegangen werden kann, dass das Interesse der Beforschten am Forschungsprozess so hoch ist, dass sie einen ganzen Tag investieren. Anders verhält es sich bei Programmevaluierungen und Organisationsforschungsprojekten, wo das Interesse, die eigene Praxis zu reflektieren und zu vergemeinschaften, meist sehr stark ausgeprägt ist. In aller Regel werden Auswertungsworkshops aber auch hier nicht für sich alleine stehen, sondern mit anderen Methoden kombiniert werden. Oft sind Workshopformate auch geeignete soziale Orte, um Zwischenergebnisse, die mit anderen qualitativen oder auch quantitativen Methoden erhoben wurden, rückzukoppeln und zu diskutieren, etwa im Sinne der „kommunikativen Validierung" (vgl. Abschnitt 1, Punkt 3.3).

Bei Auswertungsworkshops verlagert sich das Rollenset der ForscherInnen noch stärker als bei Gruppeninterviews hin zu der von ModeratorInnen sozialer Situationen. Während das Gruppeninterview letztlich doch der Logik der Sozialforschung, in der sich ForscherInnen über einen sie interessierenden Gegenstand kundig macht, entspricht, steht die gemeinsame Diskussion und Vergemeinschaftung von Einschätzungen von PraktikerInnen bei Workshopformaten im Zentrum. Die Grenzen zwischen einem Auswertungsworkshop und einer Personalentwicklungsmaßnahme oder einer Workshop im Rahmen eines Veränderungsprojekts sind dabei fließend.

Die Formen, einen Auswertungsworkshop zu gestalten, sind vielfältig. Bedeutsam sind ein dem inhaltlichen Thema sowie der sozialen Situation in der Gruppe angemessener Wechsel verschiedener Arbeitsformen (Kleingruppe, Paare, Einzelarbeit, Plenum, „Fishbowl", Tandem etc.) sowie die Möglichkeit der Verwendung kreativer Medien oder Elemente des Rollenspiels.

Rein praktisch erfolgt die Datensicherung über Flipchartprotokolle und Gedächtnisprotokolle sowie eventuell Tonbandtranskripte einzelner plenarer Diskussionsphasen. Durch die Intensität der Diskussion in Workshops ist die Differenziertheit der Ergebnisse und der entstehenden Einschätzungen ausgesprochen hoch, dennoch ist diese Erhebungsform in der sozialwissenschaftlichen Literatur praktisch nicht präsent (Zepke 2005).

Großgruppenmethoden

Wenn ein Gruppenerhebungsverfahren nicht hinsichtlich der zeitlichen Dimension der Durchführung – wie beim Workshop – ausgeweitet, sondern in der sozialen Dimensionen weitergedacht wird, wenn also nicht zehn Personen sondern dreißig, fünfzig oder auch weitaus mehr in einen Erhebungsprozess gleichzeitig involviert werden, dann kommen Großgruppenmethoden zum Einsatz.

Großgruppenmethoden wie etwa „Open Space" (Owen 2001) wurden grundsätzlich nicht als Forschungsmethoden konzipiert, sondern sind Verfahren und

Instrumente, die als Interventionsmethoden bei Veränderungsprozessen praxeologisch entwickelt wurden. Allerdings wird der Einsatz der Methode im (Organisations-)Forschungskontext ebenfalls diskutiert (Freitag 2002).

Grundsätzlich sind beim Einsatz von Großgruppenmethoden dieselben Stärken wie bei Auswertungsworkshops gegeben. Es radikalisieren sich dabei aber auch die Herausforderungen, da die entstehende soziale Komplexität noch weitaus höher ist und die Frage, welche Form der Datensicherung, die auch eine weitere Auswertung ermöglicht, passend wäre, noch schwieriger zu handhaben ist.

Datensicherung

Um die Daten und Informationen, die im Rahmen von qualitativen Erhebungsschritten erhoben werden, anschließend auswerten zu können, müssen sie in einer passenden Form gesichert werden. In aller Regel werden etwa Interviews mit Hilfe eines Aufnahmegeräts aufgezeichnet und anschließend verschriftlicht. Bei Beobachtungen erfolgt die Datensicherung meist über Feldnotizen oder Protokolle.

Generell werden im Zuge der Datensicherung soziale Interaktionen „fixiert", in der Regel also in Texte umgewandelt. Allerdings ist es dabei wichtig sich zu vergegenwärtigen, dass solcherart eine Reduktion der sozialen Komplexität erfolgt; selbst die genaueste Transkription mit einem ausführlichem Begleitprotokoll kann die Dichte und Vielfalt einer sozialen Situation, mit all den flankierenden visuellen Reizen, den Hintergrundgeräuschen, den mimischen Beiläufigkeiten und gesetzten Gesten der InteraktionspartnerInnen, den unterschwelligen Einflüssen der Sitzordnung, des architektonischen Umfelds und der Raumgestaltung, den spezifischen Gerüchen etc. nur unzureichend abbilden.

1 Aufzeichnung von Interviews

Das häufigste Vorgehen zur Sicherung von Interviewdaten ist ein Mitschnitt des Gesprächs auf einem Tonband bzw. MP3-Player. Das hat allerdings Konsequenzen auf die Gestaltung der sozialen Situation im Interview: Eine gewisse Künstlichkeit der Situation wird dadurch deutlich und es können Befürchtungen und Ängste bei den InterviewpartnerInnen, aber auch bei den InterviewerInnen selbst entstehen. Hier ist es wichtig, die Motive für den Tonbandmitschnitt den InterviewpartnerInnen zu erklären, ihre Zustimmung einzuholen und auszuführen, was mit den Interviewergebnissen in welcher Form passieren wird (ob diese z. B. anonymisiert weitergegeben werden oder wie diese in einen Bericht aufgenommen werden).

Gleichzeitig ist gerade diese durch das laufende Tonband symbolisierte Künstlichkeit auch eine wesentliche Qualität, da damit auch deutlich wird, dass es eben kein informelles und absichtsloses Plaudern ist, sondern eine Forschungssituation mit anderen Rollensets. Das Tonband macht deutlich, dass hier geäußerte Aussagen anders als in Alltagsgesprächen nicht diskret im Raum bleiben, sondern – im Gegenteil – potenziell wörtlich in einen Bericht oder eine PowerPoint-Präsentation einfließen werden. So wichtig es ist, bei der Interviewführung eine natürliche Atmosphäre herzustellen, so bedeutsam ist es gleichzeitig auch, den Forschungscharakter nicht zu verschleiern. Insofern gilt es bei der Intervieweröffnung transparent zu machen, inwiefern tatsächlich „Anonymität“ versprochen werden kann – gerade bei exponierten RollenrepräsentantInnen ist das nicht immer möglich (vgl. Abschnitt 6, Punkt 3).

Ein häufiger Fehler von InterviewerInnen (vgl. Hopf 2009) besteht darin, nach einer kurzen Einleitung das Tonband erst einzuschalten, wenn der Interviewpartner/die Interviewpartnerin zu sprechen beginnt. Das führt dazu, dass die Verunsicherung, die das Aufnahmegerät erzeugen kann, ausschließlich vom Interviewpartner/von der Interviewpartnerin verarbeitet werden muss. Hilfreicher ist es hingegen, schon am Beginn, während der Interviewer oder die Interviewerin selbst spricht, das Tonband einzuschalten und damit zu demonstrieren, dass neben dem laufenden Tonband unverkrampftes Sprechen möglich ist. Andernfalls haben die InterviewpartnerInnen zuweilen den Eindruck, sie müssen sich bei laufendem Diktiergerät präzise wie eine Fernsehsprecherin ausdrücken, was einen nicht zu unterschätzenden Stress erzeugen kann.

Die Vorteile der Aufnahme bestehen natürlich auch darin, dass die InterviewerInnen nicht durch das Protokollieren abgelenkt sind. Für die meisten qualitativen Auswertungsmethoden ist ein genauer Tonbandmitschnitt notwendig. Durch ein reines Gedächtnisprotokoll oder eine Mitschrift von Interviews gehen zu viele Nuancen verloren und Originalzitate sind nicht mehr möglich.

Generell ist bei wissenschaftlichen Arbeiten ein Tonbandmitschnitt mit Transkription immer notwendig und sinnvoll. Bei praxisorientierten Erhebungsschritten, etwa in manchen Evaluierungssettings, können auch pragmatischere Protokollierungstechniken angewandt werden.

1.1 Transkription von Interviews

Transkription bedeutet, dass die flüchtige Gesprächssituation in ein handhabbares Textmaterial übergeführt wird. Dabei stellt die Transkription nicht nur eine rein technische Dokumentation in einem anderen Medium, vom gesprochen Wort zur Schrift, dar, sondern ist auch eine von impliziten und expliziten Theorien und Vorannahmen der ForscherInnen beeinflusste Entscheidung: Ob Dialekt dargestellt wird, ob und, wenn ja, in welcher Ausführlichkeit nonverbale Äußerungen dokumentiert werden etc. ist eine inhaltlich zu begründende Entscheidung, die nicht nur unter forschungsökonomischen Gesichtspunkten getroffen werden soll. Und: Egal für welche Ausführlichkeit man sich letztlich entscheidet, Transkription stellt immer eine Informationsreduktion dar, durch die viele Aspekte verlorengehen (vgl. Dresing & Pehl 2010).

Generell ist die Transkription mit einem nicht zu unterschätzenden Aufwand verbunden – sowohl Schreibarbeit als auch, im nächsten Schritt, Lesearbeit. Darauf sollte man sich bei der Planung von Beginn an einstellen. Gleichzeitig stellt die Transkription eine extrem wertvolle Möglichkeit dar, sich vertiefend mit dem Datenmaterial auseinanderzusetzen. Die Transkription ist insofern nicht einfach nur „lästige Schreibarbeit", sondern ein erster Schritt, tiefer in die Ausführungen der GesprächspartnerInnen einzudringen, sich inspirieren und irritieren sowie erste Hypothesen und Assoziationen aufsteigen zu lassen. Diese Gedanken können (eventuell farbig unterlegt oder mit Kommentarfunktion) gleich in den Text eingefügt und für die spätere Auswertung herangezogen werden. Nicht zuletzt stellt die sorgfältige Transkription eine lehrreiche Form zum Verbessern der eigenen Interviewtechnik dar, da hier der eigene Fragestil, aber v. a. auch eigene Interviewfehler oft unangenehm deutlich werden. Deshalb wird hier von einem Delegieren der – nicht zu leugnenden – aufwändigen Transkription an ein Sekretariat oder an StudentInnen abgeraten[8].

Dennoch sollte nur in dem Detailierungsgrad transkribiert werden, der für die Fragestellung und den Forschungskontext sinnvoll ist. Auch können eine zu genaue Transkription und die damit verbundene Unübersichtlichkeit zuweilen den Sinn der Aussagen eher verstellen als zugänglicher machen – insbesondere, wenn die Transkription ausgelagert wird.

Für die Transkription selbst bietet es sich an, eine unterstützende Software zu verwenden, die es u. a. ermöglicht, die Abspielgeschwindigkeit zu verändern.

Üblich und nützlich ist es auch, eine Zeilennummerierung durchzuführen, um Textstellen später eindeutig zuordnen zu können.

Spracherkennungssoftware bewährt sich im Übrigen (noch) nicht. Diese ist noch zu fehleranfällig und muss auf eine einzelne Stimme „trainiert" werden.

Generell lassen sich drei unterschiedlich ausführliche Formen der Aufzeichnungsverschriftlichung unterscheiden:

> die lautmalerische Transkription,
> die literarische Umschrift und
> das selektive Transkribieren.

8 Wobei in manchen interpretativen Auswertungsverfahren (vgl. Abschnitt 5) im Gegenteil für ein klare Trennung von Interviewführung, Transkription und Auswertung plädiert wird, um dem Auswertungsteam einen möglichst unvoreingenommenen Blick auf das Datenmaterial zu ermöglichen.

Lautmalerische Transkription
Bei der lautmalerischen Transkription werden auch Gesprächspausen, Geräusche, Betonungen, Dialektfärbungen etc. ganz genau transkribiert.

Im radikalsten Fall wird eine lautgetreue Wiedergabe gesprochener Sprache angestrebt („phonetische Umschrift") die das International Phonetic Alphabet (I.P.A.) verwendet.

Eine einfachere Form stellen die nachfolgenden Transkriptionsregeln dar:

Notationszeichen	Bedeutung
..	Kurze Pause
...	Mittlere Pause
(Pause)	Lange Pause
.....	Auslassung
((Ereignis))	Nicht-sprachliche Handlung, z. B. ((Schweigen))
((lachend)), ((verärgert))	Begleiterscheinungen des Sprechers bzw. der Sprecherin
Sicher	Auffällige Betonung, auch Lautstärke
Sicher	Gedehntes Sprechen
(...)	Unverständlich
(so schrecklich?)	Nicht mehr genau verständlich, vermuteter Wortlaut

Notationszeichen (aus: Flick 2009, S. 661)

Diese Transkriptionsform ist sehr aufwändig und auch das Lesen solcher Transkripte ist aufwändig und schwierig. Sie empfiehlt sich in der Regel nur, wenn es darum geht, die Gesprächsdynamik oder sprachanalytische Aspekte auszuwerten. Für einige interpretative Auswertungsansätze sind diese ausführlichen Formen aber Voraussetzung.

Literarische Umschrift
Hier wird das gesprochene Wort in Schriftdeutsch übersetzt und „geglättet". Es soll ein gut lesbarer Text entstehen. Kleine Adaptionen bezüglich des Satzbaus sind möglich. Auslassungen etc. werden nicht mittranskribiert.

Diese Vorgehensweise ist häufig am sinnvollsten, da hier ein gut handhabbarer Text daraus entsteht, alle wesentlichen Aussagen und Nuancen darin aber auch enthalten sind. Allerdings besteht hier das Risiko, dass Feinheiten im Interview, etwa Ambivalenzen und Zweifel, die sich in Pausen ausdrücken können, oder Versprecher als Hinweise auf „Freudsche Fehlleistungen" (also Versprecher, in denen der eigentliche, oft auch unbewusste Gedanke anscheinend zufällig und unwillkürlich zutage tritt) in der schriftsprachlichen Übertragung geglättet werden und verloren gehen.

Beispiel für verschiedene Transkriptionsgenauigkeiten
Interview mit einem Beiratsmitglied eines Projekts

Lautmalerische Transkription
„Hm, also ... das will ich nicht verheimlichen; das kann ich nicht so richtig beurteilen, wie weit das jetzt wirklich so ist, also, ich kenne da vül zu wenig die Befunde, die ich kenne, ...also jedenfalls wenn ich rückfrag: „warum habt ihr das so und so und so gemacht?"... Na ja ((Lachen)) eigentlich, (....) Ich versteh das ned! Oder die mi ned! (Pause) ich will Sie jetzt nicht beeinflussen, aber um das Ihnen offen zu sagen, das ist ein vorsichtiger Entwurf von mir, damit umzugehen. insofern umzugehen ... innere Abhängigkeit ist da ja ohnehin; im Prinzip geht's darum, also, eigentlich darum, dass es irgendwo gesteuert werden sollte, dass irgendwo eine Drehscheibe sein sollte, egal wer das is, ob das jetzt der Meier oder der Müller oder..., und dass diese Drehscheibe aber anders strukturiert sein sollte, als diese... also, diese, ähm, Knoten, die da jetzt im Entstehen sind, oder wie das gerade da ist."

Literarische Umschrift
„Eigentlich kann ich nicht so richtig beurteilen, wie weit das wirklich so ist: Ich kenne da die Befunde zu wenig. Wenn ich rückfrage, warum das etwa so und so gemacht wurde, weiß ich nicht, ob ich sie nicht verstehe oder sie mich nicht. Ich will Sie jetzt nicht beeinflussen, aber ein vorsichtiger Entwurf von mir, damit umzugehen – wobei eine innere Abhängigkeit ja ohnehin besteht – wäre: Es geht darum, dass es irgendwo gesteuert werden sollte, dass irgendwo eine Drehscheibe sein sollte, egal wer das ist. Und dass diese Drehscheibe aber anders strukturiert sein sollte, als diese Knoten, die da jetzt im Entstehen sind."

An diesem Beispiel lässt sich sehr deutlich der Vor- und Nachteil der jeweiligen Transkriptionsform zeigen.
Die lautmalerische Transkription gibt sehr plastische Eindrücke von der Gedankenentwicklung, von den Wechseln zwischen Dialekt und Schrift-

sprache und von Ambivalenzen bei der Argumentation wieder. Er bietet reichhaltiges Material für vertiefende Interpretationen. Gleichzeitig ist der Text in dieser Form sehr schwierig zu lesen, der konkrete inhaltliche Sinn erschließt sich erst bei mehrmaligem Lesen. Außerdem sind die Ausführungen, denen im realen Gespräch durchaus recht leicht zu folgen waren, in der sorgfältig verschriftlichten Form weitaus irritierender und auch möglicherweise etwas diskreditierend für den Gesprächspartner.

In der literarischen Umschrift entsteht ein weitaus kompakterer, kohärenter und verständlicherer Text, aus dem die sachlichen Aspekte der Ausführungen viel leichter ableitbar sind. Allerdings gehen natürlich viele Facetten verloren. Und: die literarische Umschrift ist hier auch bereits ein wenig interpretativ und es kann auch sein, dass durch das Glätten der Sinn vorschnell verloren geht oder missverstanden wird. Diese interpretativen Entscheidungen können nur schwer an externe Personen, die das Feld und das Thema nicht kennen, delegiert werden.

Selektive Transkription

Zuweilen kann auch eine Kombination aus den beiden oben genannten Vorgehensweisen angewandt werden, indem eine schriftsprachliche Übertragung für den Großteil des Textes verwendet wird, einzelne, besonders hervorstechende Sequenzen jedoch detaillierter transkribiert werden.

Wobei erneut zu betonen ist, dass hier bereits eine wichtige interpretative Vorentscheidung getroffen wird, nämlich welche Sequenzen so wichtig, so hervorstechende sind, dass sie detaillierter transkribiert werden.

2 Interviewprotokoll

In manchen Situationen, speziell wenn kein wissenschaftlicher Anspruch mit der Erhebung verknüpft ist, sondern es mehr darum geht, das Feld in einem ersten Schritt zu explorieren oder konkrete Meinungen von ExpertInnen zu einem Thema einzuholen, kann es ausreichen, mit einer Mitschrift zu arbeiten und ein Protokoll anzufertigen. Allerdings ist durch ein solches Protokollieren eine vertiefte wissenschaftliche Auswertung nicht mehr möglich. Im praktischen Alltagsgebrauch kann es aber zuweilen auch ausreichen. Hier empfiehlt es sich, beim Protokollieren dennoch prägnante Aussagen als Originalzitate mitzuschreiben.

3 Videomitschnitt

Zuweilen werden auch, vor allem bei Gruppendiskussionen, Videomitschnitte verwendet. Diese stellen die ausführlichsten (und für die Beteiligten auch auffälligsten und am meisten irritierenden) Aufnahmeverfahren dar. Hier gilt es zu prüfen, wann diese aus methodischen Gesichtspunkten angebracht sind. Wenn es um Interaktionen, nonverbales Verhalten oder gar um die Auswertung von szenischen Darstellungen geht, können Videoaufzeichnungen notwendig sein. Für die meisten Fragen dürften auch bei Gruppendiskussionen Tonmitschnitte ausreichen.

4 Ergänzende Feldnotizen, Forschungstagebücher

Bei teilnehmenden Beobachtungen, aber auch bei Interviews und Gruppendiskussionen gewinnen die ForscherInnen zahlreiche Eindrücke, die verschriftlicht werden sollten. So ist es sinnvoll, bei Interviews in unbekannten Kontexten, Besonderheiten, die einem etwa beim Vereinbaren der Interviewtermine, beim Betreten des Gebäudes, im informellen Kontakt etc. auffallen, als Feldnotiz zu verschriftlichen. Feldnotizen sind also eine Art Gedächtnisprotokoll von Beobachtungen im Feld sowie von Resonanzen, die diese bei den ForscherInnen auslösen (z. B. Irritation, Beunruhigung, Sympathie etc.). Diese sollen möglichst unverzüglich nach dem Kontakt mit dem Forschungsgegenstand angefertigt werden. Sie stellen eine wertvolle Ergänzung zu den Transkripten dar. Bei größeren Forschungsprojekten ist es sinnvoll, ein eigenes „Forschungstagebuch" zu führen.

5 Beobachtungsprotokoll

Um Beobachtungen auswerten zu können, bedarf es einer Übersetzung und „Fixierung" des unmittelbar Erlebten im Rahmen der Beobachtung in Schriftform. Dies geschieht mit Hilfe des Beobachtungsprotokolls. Anders als bei Interviews, wo es primär um die Übersetzung einer sprachlichen Interaktion in Schriftform durch die Transkription geht, ist es bei Beobachtungen notwendig, Notizen zu machen, um systematisch und angemessen protokollieren zu können. Dies geschieht in der Praxis meist unmittelbar nach der Beobachtungssequenz, da die Beobachtung durch paralleles Mitschreiben meistens sehr gestört werden würde.

Beobachtungsprotokoll

Eckaten Ort/Zeit	Beobachtung (möglichst konkret)	Rolle der ForscherIn Eigene Affekte	Vermutungen, Hypothesen, Interpretationen, theoretische Reflexion
	Wer tut was wie mit wem? Gibt es besondere Ereignisse? Was wiederholt sich? Lassen sich Allianzen, Subgruppen, Konstellationen etc. wahrnehmen?	Welche Affekte löste das Geschehen bei mir aus? Was ist meine Rolle als ForscherIn im Feld? Hat meine Beobachtungsrolle möglicherweise Konsequenzen auf das Geschehen?	Was sind mögliche Hintergründe, Zusammenhänge, Ursachen und Folgen

Noch mehr als das Transkribieren, stellt das Protokollieren immer auch eine Form von Interpretation dar. So wird etwa der etwas kompliziert klingende Umstand, dass „zwei neu eintreffende Personen sich anlachen, sich anschließend 23 Sekunden fest umarmen und während der ersten gewechselten Worten einander weiter bei den Händen fassen" vermutlich zutreffend als „herzliche Begrüßung zweier Neuankömmlinge" protokolliert werden. Dennoch stellt das eine Interpretation der ForscherIn, die Kontextwissen voraussetzt, dar, das speziell beim Eintauchen in fremde Kulturen mit anderen Umgangsritualen auch problematisch sein kann (Przyborski & Wohlrab-Sahr 2010).

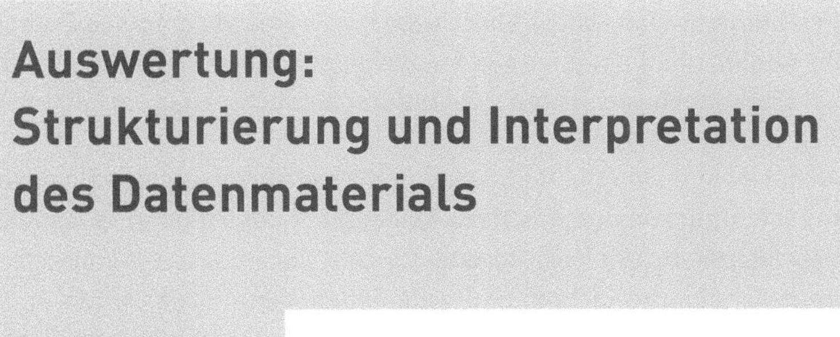

Auswertung: Strukturierung und Interpretation des Datenmaterials

5

Zentrales Element qualitativer Forschung ist die Auswertung des Datenmaterials. Im Allgemeinen kann man dabei davon ausgehen, dass die Auswertung und Interpretationen von Texten zwei unterschiedliche Ziele verfolgen können (vgl. Flick 2009).

1. Entweder geht es um die **Reduktion und Strukturierung des Ursprungstextes (strukturierende Ansätze).** Dabei steht das Zusammenfassen, Kategorisieren etc. im Vordergrund. Es geht darum, das oft umfangreiche Datenmaterial zu verdichten und „rote Fäden" herauszuarbeiten.
   Für dieses Vorgehen wird exemplarisch die qualitative Inhaltsanalyse (Mayring 2010) vorgestellt.
2. Die andere Strategie zielt auf das **Aufdecken und Freilegen verborgener (latenter) Inhalte der enthaltenen Aussagen (interpretative Ansätze)** ab. Das führt in der Regel zu einer Vermehrung des Textmaterials. Zuweilen werden zu kurzen Interviewpassagen seitenlange Interpretationen abgeleitet.
   Für dieses Vorgehen wird im Folgenden exemplarisch das „offene Kodieren" der Grounded Theory (vgl. Glaser & Strauss 1998, Strauss 2007, Strübing 2004) dargestellt.

Nach der Darstellung der beiden Ansätze Grounded Theory und qualitative Inhaltsanalyse wird noch eine dritte, eher pragmatisch orientierte praxiserprobte Vorgehensweise für die Auswertung vorgeschlagen, das „eklektische Vorgehen"; hier werden verschiedene Verfahren miteinander kombiniert.

Strukturierende und interpretative Vorgehensweisen schließen sich nicht wechselseitig aus, sondern werden auch häufig miteinander kombiniert. Die Grounded Theory bietet ebenfalls Methoden zur strukturierten Komplexitätsreduktion an und die qualitative Inhaltsanalyse ein vertiefendes Interpretationsverfahren (nämlich die „Explikation").

Wann welche Methode zum Einsatz kommt, hängt in erster Line von der Forschungsintention ab:

Eher strukturierende Ansätze sind dann angebracht, wenn etwa

> gemeinsame, aber auch widersprüchliche Einschätzungen zu einem Phänomen oder Sachverhalt erhoben werden sollen,
> konkrete Prozesse, Erlebnisse und Erfahrungen nachgezeichnet werden sollen oder
> Argumentationen und Bewertungen untersucht werden.

Die Äußerungen der InterviewpartnerInnen oder das Verhalten der beobachteten Personen wird als grundsätzlich „wahr" und für sich ausreichend interessante und wissenschaftlich ertragreich eingestuft und nur in Ansätzen interpretativ hinterfragt.

Interpretative Verfahren sind dagegen dann geboten, wenn die Untersuchung Fragestellungen fokussiert, die den GesprächspartnerInnen nicht unmittelbar zugänglich sind. Etwa

> Manifestationen von sozialen, nicht unmittelbar erfassbaren Strukturen, Prozessen und Wirkmechanismen;
> gesellschaftliche Wirklichkeitskonstruktionen etwa von Stereotypen oder Zuschreibungen;
> Rekonstruktion der Entstehungs- und Deutungszusammenhänge von kollektiven und individuellen Sinnstrukturen.

Die Äußerungen der InterviewpartnerInnen werden primär als Ausdruck einer dahinterliegenden sozialen oder individuellen Thematik gesehen, die erst durch wissenschaftliche Interpretation erschließbar ist.

Letztlich geht es darum, aus den verschiedenen Möglichkeiten eine Vorgehensweise zu entwickeln, die für den Forschungsgegenstand und für die Forschungsfrage gut passt und dem Forschungs- und Denkstil der beteiligten ForscherInnen entspricht. Nicht zuletzt wird die Auswahl der Auswertungsmethode von den wissenschaftlichen Gepflogenheiten, in denen die Studie stattfindet, maßgeblich beeinflusst werden.

Natürlich gibt es neben den beiden im Folgenden dargestellten „klassischen" Ansätzen sowie der in Abschnitt 6 ausgeführten „eklektischen" Forschungspraxis zahlreiche weitere Methoden und Verfahren, die sich mehr oder weniger den eher interpretativen oder den strukturierenden Verfahren zuordnen lassen.

In der Soziologie dominieren dabei generell die interpretativen Verfahren, während in der Psychologie – bei der qualitative Methoden generell nur eine randständige Bedeutung zumindest im akademischen Diskurs haben – eher auf strukturierende Verfahren zurückgegriffen wird.

Weitere Verfahren, die einen interpretativen Schwerpunkt haben, werden im Folgenden kurz skizziert. In den Kurzbeschreibungen sind einige nicht immer selbsterklärende Schlüsselbegriffe eingeflochten, für deren Verständnis eine intensivere Befassung mit den dahinterliegenden methodologischen Konzepten nötig ist:

Objektive Hermeneutik (Oevermann et al. 1979)
Dieses aufwändige Interpretationsverfahren zielt darauf ab, die unabhängig von den Intentionen der GesprächspartnerInnen oder

TexproduzentInnen existierenden „objektiven“ Sinnstrukturen zu extrahieren. Dies geschieht Schritt für Schritt mit Hilfe ausführlicher Analysen einzelner kleinteiliger Sequenzen („Sequenzanalyse“), die „aufgebrochen“, also gezielt aus ihrem Kontext herausgelöst werden, um eine möglichst unvoreingenommene Interpretation zu ermöglichen.
Froschauer & Lueger (2003) entwickeln darauf basierend die „Systemanalyse“ als organisationswissenschaftliches Verfahren, um soziale Systeme wie Unternehmen und andere Organisationen zu analysieren.

Dokumentarische Methode (Bohnsack, 2014)
In dieser wird neben der „formulierenden Interpretation“, in der die Inhalte, das „Was“ („immanenter Sinngehalt“), analysiert werden, durch die „reflektierende Interpretation“ das „Wie“ und damit das implizite, nicht reflexiv zugängliche Wissen der Befragten, der „dokumentarische Sinngehalt“ rekonstruiert. Damit ist der individuelle oder gesellschaftlich latente Hintergrund und Entstehungszusammenhang des Phänomens gemeint. Ursprünglich wurde die dokumentarische Methode v. a. für die Auswertung von Gruppendiskussionen im Feld der Jugendkultur und Migrationsforschung angewandt (Przyborski & Slunecko 2010).

Diskursanalyse (Parker 2009)
Diese fokussiert die Frage, wie über Themen in der Gesellschaft kommuniziert wird, welche Themen dabei aufgegriffen werden, welche nicht und wie sich so über sprachliche Äußerungen gesellschaftliche Realitätskonstruktion „diskursiv“ herstellt. Dabei werden meist nicht eigens für Forschungszwecke – etwa durch Interviews – erhobene Daten, sondern quasi natürlich entstandene Texte und Gesprächssequenzen (Zeitungsartikeln, Fernsehbeiträge etc.) als Datenmaterial herangezogen. Zentral dabei ist, in der Tradition Michel Foucaults (1973) subtile Machtstrukturen in Diskursen deutlich zu machen.

Tiefenhermeneutik (Leithäuser & Volmerg 1988)
Dieses Verfahren ist durch seinen psychoanalytischen Hintergrund gekennzeichnet. Es konzentriert sich auf die unbewusste Art und Weise, in der sich Gesellschaft im individuellen Handeln und Sprechen niederschlägt und unbeabsichtigt etwa in der Form, wie über ein Thema in einer Gruppendiskussion gesprochen wird, zum Ausdruck kommt („szenisches Verstehen“). (König 2009)

Die strukturierenden Ansätze haben abgesehen von der in Abschnitt 5, Punkt 1 beschriebenen „qualitativen Inhaltsanalyse" weniger eigene elaborierte Verfahren herausgebracht. Einzelne Autoren haben aber oft anhand von Praxisfeldern eigene, sehr praktikable Vorgehensweisen beschrieben und publiziert.

Auswertung von ExperInneninterviews (Meuser & Nagel 1991)
Leitfadengestützte ExpertInneninterviews haben in der Forschungspraxis eine sehr weite Verbreitung, sind aber gleichzeitig hinsichtlich der Spezifik der Datenerhebung und insbesondere der Datenauswertung erstaunlich wenig methodisch dargestellt und diskutiert (vgl. Liebold & Trinczek 2002). „ExpertIn" beschränkt sich dabei nicht auf inhaltlich-fachliche Expertise im landläufigen Sinne, sondern zu ExpertInnen werden all jene Personen, die ein den ForscherInnen nicht oder nur eingeschränkt zur Verfügung stehendes spezifisches Praxis- und Kontextwissen haben.
Bei der Erhebung geht es um die konkrete fachliche Einschätzung der ExpertInnen entweder in Bezug auf eine Zielgruppe (z. B. wenn LehrerInnen zum Sozialverhalten von Jugendlichen befragt werden) oder sie sind selbst Zielgruppe der Untersuchung, also quasi ExpertInnen in eigener Sache (z. B. wenn es um die Akzeptanz eines neuen pädagogischen Konzepts bei LehrerInnen geht).
Bezüglich der Auswertung von „ExpertInneninterviews" wird vor allem der Aufsatz von Meuser & Nagel (1991) häufig zitiert. Die AutorInnen beschreiben praxisnah, wie ExpertInneninterviews systematisch ausgewertet werden können. Hilfreiche Hinweise zur Auswertung gibt es auch im Beitrag von Liebold & Trinczek (2002). Im Lehrbuch „Experteninterviews und qualitative Inhaltsanalyse" (Gläser & Laudel 2010) wird zur Auswertung ein von der qualitativen Inhaltsanalyse inspirierter Ansatz mit einer etwas offeneren Form der Kategorienbildung herangezogen.

Qualitative Methoden in der Evaluierungsforschung
(z. B. Kuckartz et al. 2007, Reischmann 2003)
Gerade aufgrund der hohen Bedeutung von qualitativen Methoden in der Evaluierungsforschung haben sich hier zahlreiche gut bewährte Praktiken entwickelt, die – leider nur zu einem kleinen Teil – auch publiziert sind. Kuckartz et al. (2007) beschreiben etwa am Beispiel einer qualitativen Lehrevaluierung eine bewusst ressourcenschonende Form der strukturierenden Auswertung auch größerer Datenmengen. Reischmann (2003) gibt in seinem didaktisch sehr gelungenen Buch zahlreiche praktische Hinweise zum Umgang mit qualitativen Daten.

1 Vorgehen nach der qualitativen Inhaltsanalyse

Während die Methode der Grounded Theory zu einer Erhöhung der Komplexität des Textes beiträgt, stellt die qualitative Inhaltsanalyse (Mayring 2002, 2010) einen Versuch dar, Texte durch die systematische Analyse und durch ein Kategoriensystem, das einerseits theoriengeleitet andererseits aber aus dem Text heraus abgeleitet wurde, überschaubarer und handhabbarer zu machen. Dabei bedient sich die Inhaltsanalyse vor allem der drei folgenden Techniken.

1.1 Zusammenfassende Inhaltsanalyse

Ziel der zusammenfassenden Inhaltsanalyse ist es, das einzelfallbezogene Material so zu reduzieren, dass die wesentlichen Inhalte zwar erhalten bleiben, aber so weit abstrahiert sind, dass eine überschaubare Zusammenfassung geschaffen wird, die immer noch das Grundmaterial abbildet. Dabei wird das gesamte Material paraphrasiert (d. h. kurz zusammengefasst), diese werden auf einem definierten Abstraktionsniveau generalisiert, weniger relevante Passagen sowie bedeutungsgleiche Paraphrasen werden gestrichen (erste Reduktion) und ähnliche Paraphrasen werden gebündelt und zusammengefasst (zweite Reduktion).

Die zusammenfassende Inhaltsanalyse ist insbesondere dann nützlich, wenn sehr offene, unstrukturierte und unterschiedliche Interviewtranskripte vorliegen, weniger, wenn sehr strukturierte Leitfäden verwendet werden. Meistens wird bei inhaltsanalytischen Vorgehensweisen die „zusammenfassende Inhaltsanalyse" als erster Schritt vor der „eigentlichen" Auswertung, der strukturierenden und explizierenden Inhaltsanalyse, angewandt.

Zusammenfassende Inhaltsanalyse

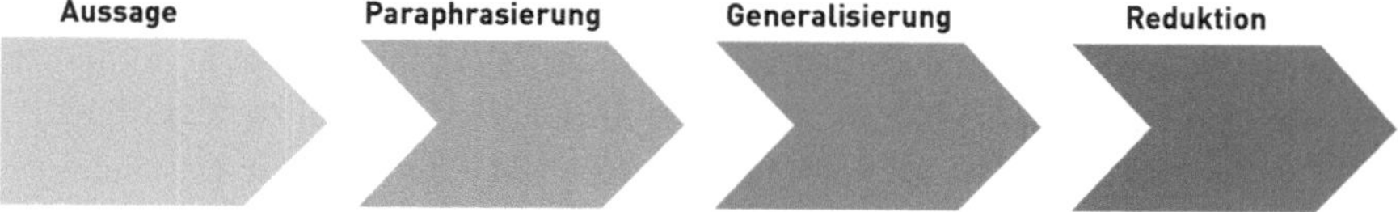

Durch diese Reduktion des Materials und durch Streichungen entsteht als Quintessenz eine Zusammenfassung auf einem höheren Abstraktionsniveau. Die reduzierten Aussagen stellen aus dem Originalmaterial abgeleitete Kategoriensystem dar („Induktive Kategorienbildung, Mayring 2010).

Beispiel zur zusammenfassenden Inhaltsanalyse (adaptiert nach Mayring 2010)

Aussage	Paraphrasierung	Generalisierung	Reduktion
„(...) und zwar eigentlich im Gegenteil, ich war also ganz, ganz heiß darauf, da endlich mal zu unterrichten."	Im Gegenteil, ganz begierig auf die Praxis gewesen.	Eher auf Praxis gefreut.	„Praxis nicht als Schock, sondern als großen Spaß erlebt"
„und da konnte ich also 14 Tage unterrichten, und das hat mir also riesigen Spaß gemacht."	Praxis hat großen Spaß gemacht.	Praxis hat Spaß gemacht.	
„Drum hab ich also da schon drauf gewartet, an eine Seminarschule, bis ich endlich einmal da unterrichten konnte."	Darauf gewartet, endlich zu unterrichten.	Auf Praxis gefreut.	

1.2 Strukturierende Inhaltsanalyse

Dabei ist das Ziel, unter vorher festgelegten Ordnungskriterien Querschnittsthemen aus dem Material herauszufiltern oder das Material aufgrund bestimmter Kriterien zu strukturieren. Es geht also darum, eine bestimmte Struktur über das *gesamte* Datenmaterial (z. B. alle Interviews) zu extrahieren. Das können etwa inhaltliche Themen, bestimmte Typen, aber auch Ausprägungsgrade sein. Im Zentrum steht dabei, ein Kategoriensystem zu definieren, in dem eine eindeutige Zuordnung von Textmaterial zu den Kategorien immer möglich ist.

Kategorien definieren: Diese werden in einem ersten Schritt auf Basis bestehender Theorien definiert.

Ankerbeispiele festlegen: Es werden konkrete Textstellen angeführt, die unter eine Kategorie fallen, um als Beispiel für diese Kategorie zu gelten – quasi als Prototyp.

Kodierregeln formulieren: Dort, wo Abgrenzungsprobleme zwischen Kategorien bestehen, werden Regeln formuliert, um eindeutige Zuordnungen zu ermöglichen. Diese Bestimmungen werden in einem Kodierleitfaden gesammelt, der als Handanweisung für die AuswerterInnen dient.

Nach einem ersten Durchlauf des gesamten Textes mit diesen ersten theoriebasierten Kategorien erfolgt eine Revision des Kategoriensystems und bei Bedarf der Kategoriendefinition.

1.3 Explizierende Inhaltsanalyse

Diese zielt darauf ab, einzelne interpretationsbedürftige Textteile, Begriffe, Absätze usw. durch das Herantragen von zusätzlichem Material vertiefend auszudeuten. Dabei wird zusätzliches Kontextmaterial herangezogen, in einem ersten Schritt im Rahmen der **„engen" Kontextanalyse** – wo zusätzliche Bezüge zur fraglichen Textstelle dem direkten Textumfeld entnommen werden (etwa Interviewpassagen, die definierend, erklärend, ausschmückend, beschreibend, beispielgebend, korrigierend etc. sind) – und dann, falls nötig, zunehmend breiter in der **„weiten" Kontextanalyse,** in der über den Text hinausgehende Informationen (Theorie, Informationen über das kulturelle Umfeld, zusätzliche Informationen über die Entstehungssituation etc.) herangezogen werden.

Produkt der Kontextanalyse ist, eine erklärende Paraphrase zu bilden, die anstelle der fraglichen Textstelle eingefügt wird. Es gilt nun zu prüfen, ob die Explikation ausreicht.

1.4 Zusammenfassende Einschätzung der Methode

Die qualitative Inhaltsanalyse wird in der qualitativen Forschung, speziell in der Psychologie, sehr häufig angewandt. Das ist auch dadurch zu erklären, dass die Grundherangehensweise – eine nachvollziehbare Zusammenfassung und Strukturierung des Textmaterials durchzuführen – recht plausibel ist. Die vielen Regeln, die formuliert werden, geben in einem ersten Schritt Sicherheit. Das Vorgehen ist sehr stark formalisiert, was eine durchgängige Anwendbarkeit erleichtert. Sie ist auch bei großen Datenmengen anwendbar und lässt sich gut mit quantitativen Verfahren kombinieren – etwa über die Feststellung der Anzahl der Kategoriennennungen. Gerade Letzteres führt dazu, dass die Methode in der qualitativen Forschungscommunity nicht unumstritten ist.

Ein Problem in der praktischen Anwendung besteht darin, dass bei einer genauen Einhaltung der Regeln, der Aufwand dennoch relativ groß bleibt. — Weiters gelingt es durch die inhaltsanalytische Interpretationstechnik der Explikation nicht immer, die verborgenen Aspekte eines Textes wirklich auszuleuchten. Kritisiert wird auch, dass die Kategorien oft in einem ersten Schritt von außen (theoriebasiert) herangetragen werden und sich die Interpretation zu stark auf den manifesten Inhalt des Textes konzentriert.

2 Vorgehen nach der Grounded Theory

In den frühen Sechzigerjahren wurde von den Soziologen Barney Glaser und Anselm Strauss die so genannte Grounded Theory entwickelt (Glaser & Strauss 1998; Original: 1967). Diese wird meistens mit „gegenstandsbezogene Theorie" übersetzt. Die Bezeichnung leitet sich aus der zentralen Intention dieser Forschungs- und Auswertungsmethode ab: Theorie aus vorhandenem empirischen Material abzuleiten. Es geht darum, eine im Forschungsgegenstand begründete Theorie zu bilden. „Grounded theory" bedeutet also: Theorie auf der Grundlage von Daten.

Glaser und Strauss kritisieren damit ein traditionelles wissenschaftliches Verständnis, bei dem durch empirische Studien überwiegend bereits bestehende Theorien ausschließlich überprüft oder allenfalls ausdifferenziert werden sollen, distanzieren sich aber auch vom übermäßig bescheidenen Selbstverständnis qualitativer Forschung, nur der Exploration und Illustration zu dienen. Gerade ihr Anspruch, aus qualitativen Daten Theorie – wenngleich nicht unbedingt allgemeingültige, sondern mit „beschränkter Reichweite" – abzuleiten, zeichnet ihren Ansatz aus.

Im Rahmen der Grounded Theory wurden zahlreiche Prinzipien und Praktiken formuliert und entwickelt, die sich im grundlegenden Verständnis von qualitativer Forschung niedergeschlagen haben:

- Das Prinzip des theoriebasierten Samplings als Auswahlstrategie für InterviewpartnerInnen zur Fallauswahl,
- die enge Verzahnung von Erhebung und Auswertung,
- die sehr offene Herangehensweise an den Forschungsgegenstand,
- der Versuch, die dahinter liegenden Zusammenhänge vertieft zu begreifen und daraus eine Theorie abzuleiten, sowie
- der Begriff der „theoretischen Sättigung".

Im konkreten Vorgehen erweist sich das Auswerten nach der Grounded Theory als relativ herausfordernd, da trotz Versuchen von Strauss, sich verstärkt auf die didaktische Vermittlung der Auswertung/Interpretation nach der Grounded

Theory zu konzentrieren (vgl. Strauss 2007), die Grenzen zwischen Kunstlehre und vermittelbarer Methode stark ineinander übergehen[9].

Wesentliche Methoden/Hilfsmittel für die Auswertung werden im Folgenden erläutert.

2.1 Kodierungen

Kodieren ist bei allen qualitativen Forschungsmethoden ein zentrales Hilfsmittel und meint, dass man bestimmten Textpassagen (Datenstücken) bei der Auswertung verschiedene Kodes zuordnet bzw. Kategorisierungen vornimmt. In der Grounded Theory besteht allerdings ein breiteres Verständnis von Kodierungen, das sich von anderen Methoden, wie der qualitativen Inhaltsanalyse, unterscheidet. Unter Kodieren wird nicht die Klassifikation der Daten, sondern die „Konzeptualisierung von Daten" verstanden: Über Dimensionen und Subdimensionen, die sich aus dem zugrunde liegenden Text ergeben, wird versucht, theoretische Hypothesen über die Kategorien und deren Zusammenhänge abzuleiten. Das Kodieren der Grounded Theory stellt – zumindest im ersten Schritt – primär also vielmehr eine feinanalyltische Zerlegung einzelner Textbausteine dar, das als interpretatives Verfahren die Tiefenstrukturen von Daten ausleuchtend soll.

Dabei werden folgende Kodierungstechniken, die aber nicht notwendigerweise als starre Schrittfolge stattfinden soll, angewandt:

Offenes Kodieren

Hier werden einzelne Textpassagen ausgewählt und mit Hilfe so genannter theoriegenerierender Fragen äußerst detailliert ausgewertet. Die theoriegenerierenden Fragen, die laufend an den Text gestellt werden, lauten:

> Was? (Worum geht es hier? Welches Phänomen wird hier angesprochen?)
> Wer? (Welche Akteure sind beteiligt? Welche Rolle spielen sie dabei?)
> Wie interagieren sie?
> Wie? (Welche Aspekte des Phänomens werden angesprochen oder auch nicht angesprochen?)
> Wann? (Wie lange? Wo? Wie viele? Wie stark?)

9 Glaser und Strauss haben im Übrigen nur eine gemeinsame programmatische Publikation, die auf einer umfangreichen Studie zum Thema „Sterben im Spital" basiert – und sind dann methodisch unterschiedlich akzentuierte Wege gegangen. Insbesondere im deutschen Sprachraum wird überwiegend auf die etwas formalisierten Ansätze von Strauss zurückgegriffen.

- Warum? (Welche Begründungen werden gegeben oder lassen sich erschließen?)
- Wozu? (In welcher Absicht, zu welchem Zweck?)
- Womit? (Welche Mittel, Taktiken und Strategien werden zum Erreichen des Ziels verwendet?)

Beispiel für offenes Kodieren (aus: Strauss 2007, S. 201 f.)

Als Beispiel für das offene Kodieren einer kurzen Interviewpassage sei folgender Auszug aus dem Lehrbuch von Strauss (2007) angeführt:

<u>Kodieren – aus dem Interview mit Frau D.</u>
Frau D. ist eine junge, querschnittsgelähmte Frau, die ihre Hände nicht mehr richtig bewegen kann und von der Hüfte abwärts gelähmt ist.
Sie macht ein Aufbaustudium in Psychologie

<u>Zitat</u>
„Unsere Gesellschaft ist so sehr auf das Äußerliche fixiert ... Wenn man eine starke Behinderung hat, muss man sich damit abfinden."

<u>Kodierung</u>
„Unsere Gesellschaft"
„Unsere Gesellschaft ist so sehr auf das Äußerliche fixiert ...", hier wird eine Vorstellung von großer „Gesellschaft" mit großem Einfluss vermittelt, als Gegensatz vielleicht zu dem, was sie selbst oder andere denken. Ich interpretiere es jedenfalls so, dass man die Dinge auch noch anders sehen kann, als dies „unsere Gesellschaft" tut. „Unsere Gesellschaft" ist ein mächtiges, anonymes, abstraktes Gebilde. Normativ und unpersönlich.

„ist so fixiert"
Fixiert – das ist ein sehr starkes Wort. Es bedeutet Ausschließlichkeit, nicht nur „Teilaspekt" oder „Gewöhnung", sondern „fixiert". Klingt nach Dauer, Einschränkung, Zwang, Bestimmtheit.

„auf das Äußerliche"
Körperlich – im Gegensatz zu psychisch, emotional, geistig. Bilder von Schönheit, perfekten Körpern, Werbung. Nicht mehrere Maßstäbe für Schönheit, nur einer. Impliziert nicht Verständnis und Toleranz gegenüber körperlichem Anderssein, sondern fixiert sein auf eine Norm von physischer Perfektion. Den Menschen nach seinem Körper beurteilen.

„wenn man eine starke Behinderung hat"
Eine Behinderung in Bezug auf den normierten Körper, wie ihn die „Gesellschaft" verlangt. Behinderung impliziert, dass ein Standard, eine Norm, eine Richtung existiert. Aber sie sagt nicht „wenn man behindert ist", sondern „man hat eine Behinderung". Behindert sein versus eine Behinderung haben.
„muss man sich damit abfinden"
Lernen, anders darüber zu denken? Hinnehmen, was die „Behinderung" für andere, für die „Gesellschaft" und für einen selbst bedeutet. Sie bewerten, ihr ins Auge sehen. Frieden damit schließen. Sie sagt nicht: „die Gesellschaft muss damit leben" oder „die anderen müssen sich damit abfinden", sondern man selbst muss sich damit abfinden. Ein Gefühl von persönlicher Verantwortung, sich mit dem eigenen Körper abzufinden angesichts der entgegengesetzten Vorstellung der Gesellschaft.

Axiales Kodieren
Dieser Schritt dient der Verfeinerung und Differenzierung der schon vorhandenen Konzepte und bisher entwickelten Kategorien. Insbesondere geht es darum, die Beziehungen zwischen den entwickelten Konzepten zu untersuchen und diese zu gruppieren.
Diese werden hinsichtlich folgender Dimensionen analysiert („Kodierparadigma"):

> der Bedingungen ihres Zustandekommens,
> der Interaktion zwischen den AkteurInnen,
> den Strategien und Taktiken,
> den Konsequenzen.

Bedingungen werden oft etwa durch Schlüsselwörter wie „weil", „da", „wegen" oder „aufgrund von" angezeigt. Konsequenzen von Handlungen werden durch Ausdrücke wie „als Folge von", „deshalb", „mit dem Ergebnis", „die Konsequenz war" oder „folglich" angezeigt.

Selektives Kodieren
Dabei wird in einem dritten Schritt, basierenden auf den bisherigen Ergebnissen, die Auswertung zunehmend gezielter vorgenommen, um die aus dem Datenmaterial heraus entwickelten Konzepte und „gegenstandsbezogenen Theorien" zu einer „Kernkategorie" zu verdichten.

2.2 Memo schreiben

In der Grounded Theory werden regelmäßig theoretische Memos erstellt. Das sind kurze Berichte, in denen ForscherInnen theoretische Fragen, Hypothesen, zusammengehörende Kodierungen etc. festhalten, durch die sichergestellt wird, dass der Kodierungsprozess laufend aktualisiert wird. Es ist ein Hilfsmittel, um die verschiedenen Auswertungs- und Analyseschritte zu einer integrierten Theorie zu vertiefen.

2.3 Zusammenfassende Einschätzung der Methode

Die Denkfiguren der Grounded Theory haben einen großen Einfluss auf die qualitative Sozialforschung gehabt und wichtige Begrifflichkeiten eingeführt. Sie ist wohl neben der objektiven Hermeneutik diejenige Methode, in der besonders deutlich der Anspruch formuliert ist, gesellschaftliche Strukturen jenseits der bewussten Intention der GesprächspartnerInnen aus dem Material zu heben.

In der praktischen Anwendung zeigt sie sich dennoch immer wieder als schwierig. Eine Herausforderung besteht darin, dass viele Auswahlprozesse letztlich unklar bleiben. Die Frage, wie Textstellen ausgewählt werden, wann ein ausreichender theoretischer Sättigungsgrad erreicht ist etc. sind schwer zu entscheiden. Gleichzeitig bietet sie – wenn man bereit ist, sich auf den Denkstil einzulassen – ein vielfältiges analytisches Instrumentarium, mit dem v. a. einem vorschnellen und oberflächlichen Auswerten entgegengewirkt wird.

Ein Vorschlag zur konkreten Auswertungspraxis: das „eklektische Vorgehen“

Im Folgenden wird eine Vorgehensweise, die sich in der Praxis als tauglich erwiesen hat und die v. a. von der qualitativen Inhaltsanalyse (Mayring 2010), zahlreichen konkreten Hinweisen insbesondere von Kuckartz et al. (2007), Liebold & Trinczek (2002) und Reischmann (2003) sowie dem hermeneutischen Vorgehen (Oevermann et al. 1979) inspiriert ist, vorgestellt.

Das hier beschriebene Vorgehen hat eine stärkere Nähe zu den strukturierenden Ansätzen (vgl. Abschnitt 5). Primär geht es darum, eine thematische Ordnung aus dem Datenmaterial herauszudestillieren und Gemeinsamkeiten und Unterschiede herauszuarbeiten. Zusätzlich werden pragmatische Vorgehensweisen vorgeschlagen, um einzelne Textstellen interpretativ vertiefend auszuleuchten.

Damit soll kein weiterer, in sich geschlossener Auswertungsansatz vorgestellt, sondern ein weniger konzeptbasiertes und mehr an pragmatischen Anforderungen orientiertes Vorgehen konkret beschrieben werden. Dabei bedient es sich recht undogmatisch verschiedener Zugangsweisen und Praktiken („Eklektizismus"). Es soll also nicht als verbindliches Korsett, sondern als Anregung, eine für Sie passende Vorgehensweise zu entwickeln, verstanden werden. Wenn Sie gute Gründe haben, anders vorzugehen, dann machen Sie das. Wichtig ist nur, immer zu wissen, warum man etwas macht bzw. unterlässt und dieses auch in der Methodendarstellung auszuweisen!

Beim konkreten Vorgehen ist es hilfreich, sich an folgenden idealtypischen Phasen zu orientieren:

Idealtypischer Ablauf der „eklektischen Auswertung"

1. Vorhypothesen explizit machen (Abschnitt 6, Punkt 1)
2. Erstes Erkunden des Materials: Orientierung an der Logik des Einzelfalls (Abschnitt 6, Punkt 2)
3. Grobkategorienerstellung: Orientierung an Querschnittsthemen (Abschnitt 6, Punkt 3)
4. Vertieftes Auswerten und Bilden von Feinkategorien (Abschnitt 6, Punkt 4)
5. Vergleichende Analyse und Typenbildung (Abschnitt 6, Punkt 5)
6. Interpretation und Deutung des Datenmaterials (Abschnitt 6, Punkt 6)
7. Verdichten und generalisierende Überlegungen ableiten (Abschnitt 6, Punkt 7)

Wobei diese Schrittfolge auch hier – vergleichbar mit dem Gesamtablauf des Forschungsprozesses (vgl. Grafik in Abschnitt 2) – primär der Veranschaulichung dient und keinen starren Ablauf suggerieren soll: In der Praxis kann und soll vieles davon auch parallel stattfinden und es wird immer wieder zirkulär zu früheren Phasen zurückgekehrt. So können sich durch die Interpretation neue Grobkategorien ergeben, die wiederum eine Veränderung bei den Feinkategorien mit sich bringt etc.

In der folgenden Darstellung wird immer von Interviewtranskripten als Grundmaterial ausgegangen, was ja auch einer häufigen Praxis der qualitativen Forschung entspricht. Grundsätzlich lässt sich die Auswertungslogik aber auch auf Beobachtungsprotokolle oder Dokumente anwenden.

1 Vorhypothesen explizit machen

Eine offene, nicht von konzeptbasierten Vorannahmen eingeschränkte „theoriefreie“ Herangehensweise bei der Auswertung, die Bereitschaft, sich vom Datenmaterial überraschen zu lassen und eigene Vorannahmen hinterfragt zu bekommen, und ein gesundes „Misstrauen gegenüber sich selbst“ (Reischmann 2003) sind hilfreiche orientierende Leitprinzipien für den gesamten Auswertungsprozess. Dieser Anspruch lässt sich aber nur erfüllen, wenn die eigenen Befangenheiten, Forschungsinteressen, Vorurteile, Sympathien und Antipathien, die heimlichen Ergebnispräferenzen etc. nicht verleugnet werden, sondern, im Gegenteil, aktiv explizit gemacht werden. Insofern bewährt es sich, vor dem Start der Auswertung innezuhalten und durch Introspektion den eigenen Vorhypothesen nachzugehen.

Fragen zur Klärung impliziter Vorhypothesen

> Was ist meine Forschungsfrage? Habe ich bereits Vorstellungen dahingehend, welche Antwort ich als Ergebnis haben möchte, was ich insgeheim bestätigt haben möchte?
> Habe ich theoriebasierte oder weltanschauliche Überzeugungen, die in das Forschungsthema einfließen?
> Welche Einstellung und welche Affekte habe ich zu den befragten Personen, den dahinterstehenden Institutionen und den angesprochenen Themenstellungen?
> War ich bei einzelnen Erhebungssequenzen (bzw. bei der Datensicherung) irritiert, verärgert, verängstigt?
> Bringe ich einzelnen Personen oder Perspektiven besonders viel oder besonders wenig Sympathie entgegen?

Wesentliche Überlegung zum Umgang mit eigenen unbewussten Reaktionen im Forschungsprozess gehen auf Georges Devereux zurück, der in seiner psychoanalytisch inspirierten, ethnografischen Vorgehensweise besonderes Augenmerk auf die Reaktionen, die der Forschungsgegenstand und das Forschungsthema bei den ForscherInnen selbst auslöst, legt. Während dies in den klassischen Sozialwissenschaften eher als zu minimierender Störfaktor gesehen wird, werden die Affektlage, die Ängste, die Idealisierung etc., die z. B. mit der Konfrontation mit einer fremden Kultur einhergehen können, ähnlich dem Konzept der Gegenübertragung in der Psychoanalyse, als wichtige Erkenntnisquellen und mögliche Resonanzen auf den Forschungsgegenstand genutzt. (Vgl. Devereux 1984)

Es ist in der Praxis sehr hilfreich – trotz oder gerade bei inneren Widerständen –, die eigenen Vorüberlegungen und Affekte zu verschriftlichen und auch im laufenden Forschungsprozess immer wieder zu überprüfen, ob die eigenen Vorannahmen das offene, gegenstandsnahe Ringen um den Sinn hinter dem Datenmaterial behindern. Gerade wenn ForscherInnen alleine auswerten (z. B. im Rahmen einer wissenschaftlichen Abschlussarbeit), ist die laufende selbstkritische Reflexion besonders bedeutsam.

In Forschungsgruppen gibt es dagegen ein soziales Korrektiv, das sicherstellt, dass Einzelüberzeugungen nicht übermächtig werden. Dieser Teammehrwert entsteht aber nicht von alleine, sondern setzt voraus, dass es auch ausreichend Reflexionsgelegenheit für die Forschungsgruppe und auch einen offene Gesprächskultur gibt. Außerdem sind auch Forschungseinrichtungen nicht davor gefeit, kollektiv getragene, einschränkende, unbewusste Vorannahmen auszubilden und zu verfestigen. Insofern sind hier auch extern moderierte supervisionsartige Reflexionssettings hilfreich (vgl. Zepke 2006).

2 Erstes Erkunden des Materials: Orientierung an der Logik des Einzelfalls

In einem ersten Schritt gilt es, das vorhandene Datenmaterial kennen zu lernen und durchzulesen. Um diesen Arbeitsschritt effizient zu nutzen, hat sich folgendes Vorgehen als sinnvoll und fruchtbar erwiesen:

> Suchen Sie sich eine angenehme Umgebung und lesen Sie die Texte entspannt durch. Es bewährt sich hier, mit Leuchtstiften prägnante Zitate zu markieren und damit zwischen wichtig und unwichtig zu filtern („kodieren").

- Es werden Sinneinheiten kodiert, die in der Regel mindestens einen Satz, häufig auch einen, zuweilen auch mehrere Absätze umfassen. Dabei ist es wichtig, darauf zu achten, dass die einzelne Textstelle für sich alleine ausreichend verständlich ist, um ein gutes Mittelmaß aus Reduktion des Gesamtmaterials und Verständlichkeit zu gewährleisten.
- Wenn einzelne konkrete interessierende Fakten (wie z. B. Angaben zur Häufigkeit des Besuchs eines Seminars etc.) mehrmals erfolgen, reicht es, diese ein einziges Mal zu kodieren. Die mehrmalige Nennung von konkreten Informationen hat (bei den meisten Forschungsfragen) keinen Erkenntniswert. Wenn es dagegen Einstellungen oder subjektive Sichtweisen sind, die mehrmals genannt werden, ist es durchaus sinnvoll, diese mehrmals zu kodieren und zu unterstreichen.
- Beim ersten Erkunden macht es Sinn, sich auf die Besonderheit des einzelnen Interviews gedanklich einzulassen und zu versuchen, das Einzelinterview kurz in wenigen Stichworten zusammenzufassen *(Case Summary)*. Eine *Case Summary* enthält erste Hypothesen darüber, welche zentralen Themen im jeweiligen Interview auftauchen. Hier wird sich mit der Lektüre jedes weiteren Interviews klarer herauskristallisieren, welche Themen übergeordnet bei den meisten Interviews angesprochen werden. Weiters werden hier Besonderheiten der einzelnen Fälle notiert. Zu diesem Zeitpunkt werden auch schon besonders prägnante Zitate, die für eine weitere Deutung herangezogen werden könnten, mit einer Signalfarbe markiert. Weiters hat es sich bewährt, für jedes Interview einen eigenen Titel zu finden, in dem prägnant die Besonderheit des Interviews zur Geltung kommt.

Beispiel: Case Summaries

Diese *Case Summaries* stammen aus einer Evaluierung zur Einführung von Qualitätsmanagement in einem Unternehmen

Die konstruktive Skeptikerin
wurde als Mitglied in die Projektgruppe „Implementierung Qualitätsmanagement" über ihren Kopf hinweg hineinnominiert;
findet Qualitätsmanagement zwar „grundsätzlich wichtig" (S. 2, Zeile 5[10]), sieht aber die Gefahr eines großen bürokratischen Zusatzaufwandes;
zeigt hohe Zufriedenheit mit der Zusammensetzung, Moderation und begleitender Beratung der Projektgruppe;

10 Diese und die folgenden Seiten- und Zeilenangaben beziehen sich auf das Originaltranskript.

ist skeptisch bezüglich der Umsetzbarkeit des Konzeptes durch die Führungskräfte. Zitat: *„Im Alltag haben die Leute so viel anderes zu tun, dass sie keine Zeit finden werden, hier noch zusätzlich zu dokumentieren"* (S. 9, Zeile 33);
hat Schwierigkeiten mit ihren KollegInnen, da sie durch die intensive Arbeit in der Projektgruppe bei ihrer Kerntätigkeit abgeht. Zitat: *„Die Leute kriegen nur mit, dass ich mit Leuten aus anderen Abteilungen im Seminarraum sitze und Flipcharts male und bei ihnen selbst die Arbeit liegen bleibt. Die fragen dann: Ihr malts da Maxerln auf Flipcharts und wir müssen eure Arbeit machen? Die Leute sehen nicht, dass das doch auch sehr anspruchsvoll ist, was wir da machen"* (S. 9, Zeile 38–42).

Der idealistische Experte
hat sich im Rahmen einer Managementausbildung intensiv mit Qualitätsmanagement befasst;
hält es für ein zentrales Thema in seinem Unternehmen. Zitat: *„Viele ganz verschiedene Schwierigkeiten, angefangen von der Kommunikation über die Kundenwünsche und Schwierigkeiten bei Kundenbeschwerden bis hin zur Zusammenarbeit verschiedener Abteilungen könnten gut bei dem Qualitätsthema abgehandelt werden. Für uns ist das gerade ganz, ganz wichtig"* (S. 1, Zeile 11–16);
ist ausgesprochen motiviert und setzt hohe Erwartungen in das Projekt;
ist zufrieden mit der Zusammensetzung der Projektgruppe und der Begleitung. Wünscht sich aber mehr inhaltlichen Input durch die BeraterInnen;
sieht Schwierigkeit der nachhaltigen Verankerung und ist sich unsicher, ob die Geschäftsleitung die strategische Bedeutung ausreichend deutlich macht. Zitat: *„Für die Leute ist das schon eine Umstellung. Das wird nur funktionieren, wenn die Geschäftsleitung klarmacht, dass sie das auch wirklich wichtig findet und bei sich selbst auch anwendet. Sonst wird das nie funktionieren. Da bin ich mir aber nicht so sicher"* (S.14 Zeile 28–32)

3 Grobkategorienerstellung: Orientierung an Querschnittsthemen

Nachdem die Interviews jeweils in ihrer Logik als Einzelfall erkundet wurden, geht es nun darum, die verschieden kodierten Aussagen aus verschiedenen Interviews grob ersten Kategorien zuzuordnen. Die Grundidee ist also, die Aussagen aus dem Kontext des Einzelinterviews zu lösen und sie quasi horizontal nach Themen zu ordnen. Die Kategorien ergeben sich aus zwei Quellen:

„Deduktive" Kategorien
Im Interviewleitfaden bzw. in der Forschungsfrage sind im Prinzip schon die zentralen Fragestellungen abgebildet. Wenn etwa nach „Motivation" gefragt wird oder nach „Zufriedenheit mit der externen Moderation", dann bietet es sich auch an, daraus eine Grobkategorie zu machen. Auch aus theoretischen Vorüberlegungen und Konzepten leiten sich üblicherweise Kategorien ab, nach denen man das Material durchsucht.

Das heißt, dass mit von außen durch die ForscherInnen entwickelten allgemeinen Konzepten und Prämissen an das Material herangegangen wird. Das Vorgehen schließt vom Allgemeinen auf das Besondere (= Deduktion) und sucht dabei danach, wie das Datenmaterial die Forschungsfrage beantworten kann.

Der Ausgangspunkt der Analyse ist die Forschungsfrage.

„Induktive" Kategorien
Besonders ertragreich sind aber die ganz neue Themen und Grobkategorien, die sich erst beim Lesen des Datenmaterials herauskristallisieren und an die man bei der Leitfadenplanung noch gar nicht gedacht hat. Diese erschließen sich erst langsam durch die Befassung mit dem Datenmaterial.

Aus Einzelaussagen, aus dem Besonderen, wird auf das Allgemeine geschlossen (= Induktion) und es wird danach gesucht, welche – möglicherweise völlig neuen Fragen – durch das Datenmaterial beantwortet werden können.

Der Ausgangspunkt der Analyse ist das Datenmaterial.

Je mehr es gelingt, den Fokus auf Zweiteres, auf die induktive Kategorienbildung und das Ableiten von neuen Kategorien aus dem Material zu legen, desto mehr entspricht die Vorgehensweise den Prinzipien qualitativer Forschung. Wir wollen ja eben nicht die Begrifflichkeiten und Denkstrukturen der ForscherInnen dem Forschungsgegenstand überstülpen, sondern vielmehr in einer offenen, „entdeckenden" Herangehensweise den Forschungsgegenstand aus sich heraus erschließen. Hier gilt es sorgsam darauf zu achten, sich nicht zu sehr vom eigenen Ordnungsbedürfnis und der eigenen Gedankenstruktur, die ja auch im Leitfaden ihren Niederschlag gefunden hat, leiten zu lassen, sondern sich auf die Denkwelt der interviewten Personen einzulassen und die Grobkategorien so weit wie möglich in deren Ordnung zu fassen.

Rein praktisch ist zudem die Orientierung an den Interviewfragen dabei oft nur beschränkt nützlich, da die GesprächspartnerInnen häufig die Begriffe und die Frage selbst gar nicht aufgreifen, sondern – und das ist ja das, was uns bei der qualitativen Auswertung interessiert – ganz eigene Gedanken ausführen. Frage und die Antwort stehen nicht immer in einem direkten Konnex.

Beispiel für Antworten ohne unmittelbaren Konnex zur Frage

I: *„Was war Ihre Motivation, sich am Projekt zu beteiligen?"*

X: *„Ach das Projekt, das war ja von Beginn an komisch aufgestellt, und die falschen Leute sind da einbezogen worden. Ich weiß gar nicht, wer das eigentlich sich einfallen hat lassen."*

Von der Grobkategorisierung her sollte die Antwort natürlich nicht – wie man das bei einer naiv-rigiden Orientierung an den Interviewfragen vielleicht machen würde – unter „Motivation" codiert werden, sondern etwa unter „negative Affekte zum Projekt" und/oder „Schwierigkeiten am Beginn".

Für eine vertiefende Interpretation (vgl. Abschnitt 6, Punkt 6) kann es aber dann natürlich sehr ertragreich sein zu analysieren, worauf die offensichtliche Diskrepanz zwischen Frage und Antwort zurückzuführen ist. Etwa, ob sie aus einer schwierigen Interviewdynamik, ungenauem Zuhören des Befragten, einem Widerwillen gegenüber der gestellten Frage (etwa, weil der Befragte seine geringe Motivation nicht äußern möchte – insbesondere nicht zum Gesprächseinstieg) oder aus dem starken Bedürfnis, eine zentrale Kritik an der Projektanlange prominent zu betonen, resultiert.

Diese Auswertungsphase kann in der Regel recht entspannt angegangen werden. Die Zuweisungen zu den Grobkategorien sind ja erstmals nur provisorisch und können jederzeit nachgesteuert werden.

Ein paar weitere Hinweise zur Grobkategorienbildung:

- Die Grobkategorienbildung soll die Auswertung erleichtern. Sie dient vor allem der Komplexitätsreduktion und soll das vielfältige Datenmaterial besser handhabbar machen. Das relevante Material wird aus dem Kontext des Einzelfalls herausgelöst, ohne dass wichtige Information verloren geht. Wie und ob die einzelnen Aussagen dann zusammenpassen, ob Sie tatsächlich in der ersten Grobkategorie bleiben etc., das sind Fragen, mit denen man sich erst im nächsten Schritt befasst.
- Generell sollte man schauen, dass sich nicht zu viele Grobkategorien herauskristallisieren. Zwischen vier und maximal acht Grobkategorien ist hier ein guter Richtwert.
- Während bei der Feinkategorienbildung (siehe unten) ein oft auch anstrengendes Ringen um eine passende Strukturierung notwendig ist (d. h. primär „induktiv"), ist für die erste Grobordnung die Anwendung „deduktiver", konzeptbasierter, oft sehr naheliegender Grobkategorien hilfreich (z. B. „Motivation & Zugang", „positiv wahrgenommene Aspekte", „negativ wahrgenommen Aspekte", „Hinweise für die Zukunft" ... oder „Aussagen zu Phänomen A", „Aussagen zu Phänomen B", „Aussagen zu Phänomen C" etc.).
- Ein häufiges Phänomen besteht auch darin, dass spannende und wichtige Textaussagen zum Vorschein kommen, die aber in keine Kategorie so richtig hineinpassen. Hier bewährt es sich, diese einmal in eine eigene Kategorie „Sonstiges" abzulegen und sich später mit ihnen zu befassen.
- Textstellen, die zu mehreren Grundkategorien passen, können mit Vermerk mehreren Kategorien zugeordnet werden.

Beispiel für Mehrfachzuordnung

Zitat: *„Für meine Motivation war es ganz, ganz entscheidend, dass die begleitenden Berater professionell und auch sozial kompetent sind. Das war Gott sei Dank gegeben."* (Int. C, S. 6)

Diese Aussage passt sowohl zur Kategorie „Motivation" als auch zur Kategorie „Rolle der externen Beratung".

- Wenn im Team ausgewertet wird, dann ist es sinnvoll, einen ersten Vorschlag zur Grobkategorienerstellung von allen Teammitgliedern zuerst alleine machen zu lassen – diese Vorschläge anschließend in Zweierteams zu diskutieren und zusammenzuführen, um auf dieser Basis dann im

Gesamtteam ein für alle verbindliches Kategoriensystem zu erstellen.

- Wenn die Aussagen und Textpassagen aus ihrem Interviewkontext herausgelöst sind, ist es besonders wichtig, bei jeder Aussage rekonstruieren zu können, von wem diese gemacht wurde. Hier ist es sinnvoll, alle interviewten Personen durchzunummerieren und alle verwendeten Zitate mit Seitenangabe, idealerweise auch Zeilennummerierung zu versehen (z. B. Int. C, S. 14, Zeile 13).
- Speziell wenn unterschiedliche Perspektiven interviewt wurden, ist es wichtig, den Kontext der Aussage zu verstehen und nachvollziehbar zu machen, von wem sie gemacht wurde: Es macht natürlich einen Unterschied, ob eine Aussage von einem Vorstandsmitglied, von KundInnen oder von hierarchisch niedrig angesiedelten MitarbeiterInnen kommt. Gleichzeit taucht spätestens hier die Frage, wie Anonymität sichergestellt werden kann (z. B. wenn es nur eine einzige Geschäftsführerin, die befragt wurde, gibt).

Exkurs: Anonymität der Ergebnisse

Seitens der Forschung wird in aller Regel Wert darauf gelegt, dass die Ergebnisse anonymisiert werden, damit sich die Befragten offen äußern können, ohne Konsequenzen befürchten zu müssen. Diese in den Sozialwissenschaften als Forschungsethik zentral verankerte (Bortz & Döring 2006) und an sich naheliegende Grundvereinbarung führt jedoch zu manchmal gerade für Organisationsforschungsprozesse und Evaluierungen schwierig zu handhabenden Konsequenzen.

Die Anonymität ist bei den verschiedenen befragten Personen in sehr unterschiedlichem Ausmaß gegeben. InterviewpartnerInnen, die aus einer größeren „Population" stammen, etwa MitarbeiterInnen, können davon ausgehen, dass weder ihre Aussagen auf sie zurückführbar sind noch dass etwaige kritische Einschätzungen an ihnen als Einzelperson festgemacht werden können.

Für exponierte Personen, etwa Führungskräfte, ProjektleiterInnen oder AuftraggeberInnen, ist die Anonymisierbarkeit nicht im selben Ausmaß gegeben: Wenn etwa im Rahmen einer Einzelfallanalyse zu Kommunikationsschnittstellen in einer Schule Aussagen der Direktorin zitiert werden, ist die Urheberschaft immer für alle eindeutig.

Ein weiteres Phänomen, v. a. im Rahmen von Evaluierung und Organisationsforschung, besteht darin, dass die Befragungen für die Befragten die Funktion einer „Klagemauer“ übernehmen. In vielen Organisationen besteht nur selten die Gelegenheit, sich über schwierige Aspekte der Arbeit und über Unzufriedenheiten in der Organisation in einem formellen Rahmen auszutauschen. Hier bieten Forschungssettings, v. a. kollektive Designelemente, wie Gruppeninterviews oder Evaluierungsworkshops, aber auch Einzelinterviews und natürlich auch Fragebögen, eine Gelegenheit, die zum Klagen über Missstände einladen kann. Dort können gerade VertreterInnen größerer Gruppierungen quasi aus der anonymen Menge heraus Missstände beklagen, ohne daraus Konsequenzen ziehen zu müssen.

Insofern gilt es beim Einstieg, genau zu überlegen und den GesprächspartnerInnen gegenüber transparent zu machen, inwiefern tatsächlich Anonymität versprochen werden kann.

Als Produkt hat man nun ein erstes Inhaltsverzeichnis und verschiedene Ordner oder einzelne Textdateien, in denen alle relevanten Aussagen thematisch geordnet sind und mit denen man sich im nächsten Schritt dann intensiver befassen kann.

Beispiel zur Grobkategorienbildung

Im Folgenden wird ein Beispiel aus einer qualitativen Studie zu Belastungen von funktionalen AnalphabetInnen (Zepke 1995) dargestellt. In dieser wurden Einzelinterviews mit 13 TeilnehmerInnen von Basisbildungskursen geführt. Alle GesprächspartnerInnen besuchten den Kurs freiwillig und haben unzureichende – vereinzelt auch gar keine – Lese- und Schreibkompetenzen.

Dabei war die Bildung der Grobkategorien in einem ersten Schritte recht naheliegend und basierte überwiegend auf in der Forschungsfrage bzw. im Leitfaden vorgegebenen Kategorien (also „deduktiven Kategorien“).

Zum einen wurden alle biografischen Erzählungen einmal in einen Ordner **„(Bildungs-)Biografische Hintergründe“** gegeben. Weiters wurden alle Passagen in denen Erzählungen über schwierige Situationen und Erfahrungen, die mit unzureichenden Schreib- und Lesefertigkeiten zu tun haben, enthalten sind – dem Kernforschungsinteresse –, in einen weiteren Ordner „Belastungen“ abgelegt, ebenso wie jene Passagen, in denen die GesprächspartnerInnen bei der Frage nach schwierigen Erlebnissen angegeben hatten, dass sie *„eigentlich kein Problem haben“.* Von denselben GesprächspartnerInnen wurden übrigens zu späteren Zeitpunkten im Interview von schwierigen, zum Teil äußerst unangenehmen Ausgrenzungserlebnisse berichtet. Offensichtlich war zum Zeitpunkt der gestellten Frage noch nicht ausreichend Vertrauen gegeben oder die Frage war schlicht zu plump und direkt gestellt.

Weiters wurden noch zahlreiche Textstellen darüber, wie mit dem Kompetenzdefizit umgegangen wird, was dabei hilfreich unterstützend ist etc. gefunden, die in die Kategorie **„Bewältigungsstrategien“** abgelegt wurden. Die Reichhaltigkeit der Bewältigungsstrategien führte auch zu einer Akzentverschiebung in der Forschungsfrage: das ursprüngliche – eher defizitorientierte – Interesse an Belastungen verschob sich zugunsten der oft unglaublich kreativen und lebenskompetenten Umgangsstrategien im Alltag der GesprächspartnerInnen.

Alle Ausführungen, in denen die GesprächspartnerInnen über Perspektiven, Wünsche, Träume etc., die mit einer sicheren Lese- und Schreibkompetenz verbunden sind, wurden der Grobkategoire **„Zukunftsperspektiven“** zugeordnet.

Nicht zuletzt gab es eine recht große Anzahl an prägnanten, zum Teil sehr plastischen Textpassagen, die auf den ersten Blick nirgends so recht hineinzupassen schienen und vorerst einfach in die Kategorie **„Sonstiges“** abgelegt wurden.

Nach Abschluss der ersten Grobkategorien wurde der Ordner „Sonstiges“ nochmals gezielt dahingehend analysiert, ob sich daraus nicht doch ein roter Faden darin zeigt. Und tatsächlich fand sich: eine größere Anzahl von Textpassagen betraf das Thema, in welchem Ausmaß der Umstand, nicht ausreichend gut lesen und schreiben zu können, verheimlicht wird. Es wurde also aus dem Datenmaterial eine eigene neue („induktive“) Grobkategorie **„Spannungsfeld zwischen Verbergen und Veröffentlichen“** gebildet. Einige zum Teil stark affektive Textpassagen blieben aber weiterhin in der Kategorie „Sonstiges“.

Mit folgenden sechs Grobkategorien, in der alle relevanten Textpassagen zugeteilt waren, war dieser Arbeitsschritt abgeschlossen.

1. **(Bildungs-)Biografische Hintergründe**
2. **Belastungen**
3. **Spannungsfeld zwischen Verbergen und Veröffentlichen**
4. **Bewältigungsstrategien**
5. **Zukunftsperspektiven**
6. **Sonstiges**

4 Vertieftes Auswerten und Bilden von Feinkategorien

In einem nächsten Schritt werden die einzelnen Grobkategorien vertieft analysiert und es wird versucht, eine innere Ordnung darin zu finden: Welche Aussagen befassen sich mit ähnlichen Subthemen? Wo gibt es einander widersprechende Aussagen zum selben Thema?

Dieser Schritt kann anspruchsvoller als die Grobkategorienerstellung sein, da es hier nun verstärkt darum geht, sich auf die Logik des Datenmaterials einzulassen und eine plausible Strukturierungsform zu finden. Dieser Prozess muss nicht schwierig sein – manchmal bieten sich auch sehr naheliegende und passende Feinkategorien an –, aber umgekehrt sollt man nicht irritiert sein, wenn es gerade in dieser Phase „im Kopf rauscht" und Überforderungsgefühle aufgrund der wachsenden Komplexität auftreten. Das ist ein Zeichen für die ernsthafte Befassung mit dem Material und für das Ringen um Ordnungsangebote und Sinn.

> Hilfreich ist es dabei, mit der am einfachsten und am wenigsten komplex wirkenden Kategorie anzufangen. Häufig sind bei den einzelnen Kategorien unterschiedlich viele Textstellen zugeordnet – auch hier hilft es, eher bei kleineren und überschaubareren zu beginnen und sich die sehr komplexen Kategorien mit sehr vielen Textstellen für den Schluss aufzuheben.

> Die Feinkategorien sind laufend und bei der Lektüre jedes neuen Interviewtranskripts in Bewegungen und verändern sich. Sie werden unbenannt, zusammengefasst, ergänzt, aufgeteilt etc. Es kann auch sein, dass Textstellen in andere Grobkategorien wandern oder dass die Grobkategorien neu überdacht werden müssen.

> Gerade wenn es sich um schwierige und vielfältige Daten handelt, kann es

immer wieder hilfreich sein, Zwischenprodukte ein bis zwei Tage abzulegen. Vieles wird mit etwas Distanz schlagartig viel klarer oder braucht noch einen Reifungsprozess.

> Manchmal bietet es sich an, Grobkategorien hinsichtlich ihrer Bewertung fein zu strukturieren.
  Zum Beispiel:
  - Grobkategorie:
    „Erfahrungen mit der neuen Methode XY".
  - Feinkategorien:
    a) „positive Bewertung der Methode XY",
    b) „kritische Bewertung",
    c) „neutrale Bewertung",
    d) „sonstige Rückmeldungen zur Methode XY".
> Es kann auch notwendig sein – insbesondere bei umfangreichen Datenmaterial –, nicht nur eine, sondern mehrere Gliederungsebenen einzuführen, also die Feinkategorien noch weiter zu unterteilen.
> Erst ganz am Ende ist es noch wichtig, die vorläufig beiseitegelegten Textstellen der Kategorie „Sonstiges" durchzuarbeiten. Nach der vertieften Auswertung kann hier überprüft werden, ob tatsächlich neue Themen angeschnitten wurden. Dann macht man eine neue Kategorie daraus. Oft lassen sich die Textstellen aber im Nachhinein sehr wohl einzelnen Feinkategorien zuordnen. Manchmal bietet es sich auch an, eine eigene, eher offene Kategorie mit dem Namen „Weitere wichtige Gesichtspunkte", wo die schwer zuordenbaren Themen aus den „sonstigen" Textstellen dargestellt werden, zu erstellen.

Produkt dieses Arbeitsschrittes ist ein Inhaltsverzeichnis innerhalb jeder einzelnen Kategorie, dem jeweils einzelne Textstellen zugeordnet sind.

Beispiel zur Feinkategorienbildung
Im Folgenden wird das Beispiel aus der Auswertung von Interviews zum Thema Belastungsfaktoren von funktionalen AnalphabetInnen (Zepke 1995) aus dem Kasten auf S. 110 fortgesetzt.
Für die Analyse der Feinkategorien wurde mit einer eher einfach wirkenden Kategorie, die nicht im Zentrum des Forschungsinteresses lag, begonnen, den **„(Bildungs-)Biografischen Hintergründe"**. Diese überschaubare Anzahl an Interviewpassagen wurde hinsichtlich der Möglichkeit, sie verschiedenen Subthemen zuzuordnen, untersucht.

In diesem Fall waren sie leicht in externe **„Einflüsse durch das Elternhaus“** bzw. **„Einflüsse durch die Schule“** sowie einigen Ausführungen zu **„Individuellen Faktoren und Voraussetzungen“** der GesprächspartnerInnen aufzugliedern.

Auch die Textpassagen aus der Kategorie **„Zukunftsperspektiven“** konnten recht zügig in verschiedene Unterthemen untergliedert werden (**„Berufliche Entwicklung“, „Führerschein“, „Gesteigerte soziale Anerkennung“, „Selbstständiger sein“, „Bücher/Zeitungen lesen und Geschichten schreiben“, „Den Kindern bei den Hausaufgaben helfen“**). Zusätzlich gab es auch vereinzelte Ausführungen, warum keine Veränderungen durch den Kurzbesuch erwartet werden, die ebenfalls in eine eigene Kategorie wanderten (**„Keine erwartete Veränderung“**).

Die weitaus umfangreichsten Textpassagen über unangenehme Erfahrungen, die die GesprächspartnerInnen im privaten und beruflichen Alltag erlebten („Belastungen“), sowie die kreativen Umgangsformen, die individuell und sozial entwickelt wurden (**„Bewältigungsstrategien“**), wurden im nächsten Schritt in ähnlicher Weise feinkategorisiert. Dieser Analyseschritt war weitaus aufwändiger und aufgrund des komplexeren Datenmaterials anspruchsvoller. Während sich einige Feinkategorien sehr klar anboten, bleiben immer wieder Textpassagen über, die mehrmals hin und her geschoben wurden. Es wurde mit verschiedenen Feinkategorien experimentiert, bis sich eine konsistente Ordnung zeigte. Letztlich wurde für die „Belastungen“ folgendes Feinkategoriensystem gewählt: **„Erfahrungen in der Arbeit“, „Erfahrungen in öffentlichen Institution“, „Ausgenutzt werden“, „Unzureichende Möglichkeit, die eigenen Kinder bei schulischen Fragen zu unterstützen“, „Soziale Isolation“, „Belastungen durch „Behindertenstigma“, „Keine geäußerten einschränkenden Erfahrungen“**. Für die Kategorie **„Bewältigungsstrategien“** kristallisierte sich aus dem Datenmaterial folgende Feinkategorien heraus: **„‚Tricks‘ und Techniken“, „Entwickeln kompensatorischer Fertigkeiten“, „‚Verspätetes‘ Lernen“, „Hilfe in Anspruch nehmen“, „Der Weg in die soziale Isolation“**. Allerdings blieben mehrere Textpassagen übrig, die sich nicht klar zuordnen ließen und in den Ordner „Sonstiges“ abgelegt wurden.

In der neuen, induktiv gebildeten Kategorie **„Spannungsfeld zwischen Verbergen und Veröffentlichen“** zeigte sich ein Kontinuum zwischen dem völligen **„breiten Verbergen“** auf der einen Seite – verknüpft mit hoher sozialer Isolation – und auf der anderen Seite dem **„offensiven**

Veröffentlichen" im Sinne eines „Coming-out" – meist im Zusammenhang mit dem Entschluss zum Kursbesuch. Dazwischen gab es auch interessante Ausführungen über Formen, in denen in unterschiedlichen sozialen Konstellationen unterschiedlich offen damit umgegangen wird (**„Selektives Verbergen"**).
Übriggeblieben war nun die schwierigste Kategorie, **„Sonstiges"**, in der mehrere Textpassagen enthalten sind, die sich noch nirgends zuordnen ließen, die aber zu wichtig wirkten, um sie zu vernachlässigen. Der Ordner „Sonstiges" war zusätzlich durch die letzten Auswertungsschritte angewachsen mit Textstellen, die ursprünglich bei den Belastungen bzw. den Bewältigungsstrategien eingeordnet waren. Die Befassung mit den bisher beiseitegelegten Daten war allerdings zu diesem späten Zeitpunkt weitaus einfacher, da die letzten Textstellen nun in Relation zu einer bereits gut durchdachten Aufbereitung und Ordnung von fast neunzig Prozent der Interviewpassagen gesetzt werden konnten.
Bei der erneuten Durchsicht zeigte sich, dass mehrere Textpassagen mit Scham – also der inneren Reaktion auf unangenehme und teils peinliche Erlebnisse – zu tun hatten. Daraus wurde also eine eigene Feinkategorie **„Exkurs: Scham"** gebildet, die der Grobkategorie „Belastungen" zugeordnet wurde.
Übrig blieben nun einige Ausführungen von zwei der 13 GesprächspartnerInnen, in denen – zum Teil recht aggressiv – abwertend über andere KursteilnehmerInnen gesprochen wurde. Bei näherer – eher fallbezogener – Analyse bot sich die Hypothese an, dass die Abwertungen Ausdruck einer individualpsychologisch durchaus funktionalen, selbstwertschützenden, die eigenen Schwierigkeiten verleugnenden Abwehrstrategie waren. Insofern bot es sich an, die eigene Kategorie **„Abwehrendes Verleugnen"** als Feinkategorie bei „Bewältigungsstrategien" einzuführen.

Letztlich sieht also das Kategoriensystem, dem jene Textpassagen zugeordnet sind, die zur Auswertung herangezogen werden, folgendermaßen aus:

1 (Bildungs-)Biografische Hintergründe
1.1 Einflüsse durch das Elternhaus
1.2 Einflüsse durch die Schule
1.3 Individuelle Faktoren und Voraussetzungen

2 Belastungen
2.1 Erfahrungen in der Arbeit
2.2 Erfahrungen in öffentlichen Institutionen
2.3 Ausgenutzt werden
2.4 Unzureichende Möglichkeit, die eigenen Kinder bei schulischen Fragen zu unterstützen
2.5 Soziale Isolation
2.6 Belastungen durch „Behindertenstigma“
2.7 Keine geäußerten einschränkenden Erfahrungen
2.8 Exkurs: Scham

3 Bewältigungsstrategien
3.1 „Tricks“ und Techniken
3.2 Entwickeln kompensatorischer Fertigkeiten
3.3 „Verspätetes“ Lernen
3.4 Hilfe in Anspruch nehmen
3.5 Der Weg in die soziale Isolation
3.6 Abwehrendes Verleugnen

4 Spannungsfeld zwischen Verbergen und Veröffentlichen
4.1 Breites Verbergen
4.2 „Selektives Verbergen“
4.3 Offensives Veröffentlichen

5 Zukunftsperspektiven
5.1 Berufliche Entwicklung
5.2 Führerschein
5.3 Gesteigerte soziale Anerkennung
5.4 Selbstständiger sein
5.5 Bücher/Zeitungen lesen und Geschichten schreiben
5.6 Den Kindern bei den Hausaufgaben helfen
5.7 Keine erwartete Veränderung

Nachdem Sie nun ein „Inhaltsverzeichnis“ haben und jede Textstelle hier den entsprechenden Platz gefunden hat, geht es darum, diese Textstellen zu beschreiben, dazu passendes anderes Material (z. B. Daten aus den zugrunde liegenden Dokumenten, Kontextwissen, Eindrücke aus der Beobachtung, theoretische Überlegungen aus der Literatur etc.) zu ergänzen, zu erläutern oder auch zu konterkarieren.

Ein rein beschreibender Zugang fördert meist schon sehr viel an spannendem Material zutage, z. B. wie unterschiedlich ein und dasselbe Thema von verschiedenen InterviewpartnerInnen beschrieben wird oder welche Gemeinsamkeiten und Unterschiede in den Aussagen verschiedener Gruppierungen zu einzelnen Themen bestehen.

Eine wesentliche Frage ist, wie viel Platz die Zitate in der Ergebnisdarstellung haben sollten. Generell sind Zitate ein unverzichtbarer Bestandteil. Sie sollen zur Verdeutlichung dienen und den Bericht mit der Originalsprache der interviewten Personen anreichern. Gleichzeitig geht es auch darum, nicht nur bei der Aneinanderreihung von Zitaten zu bleiben (und damit ausschließlich deskriptiv zu verfahren), sondern die Zusammenhänge und Erkenntnisse durch die ForscherInnen zusammenzufassen und auszuführen. Kuckartz et al. (2007) schlagen ein Verhältnis von einem Drittel Zitate zu zwei Dritteln Text als sinnvoll vor.

Zitate können für sich alleine stehen, es ist aber auch möglich, einzelne Satzteile aus den Interviews in den Text zu integrieren.

Generell müssen Zitate natürlich als solche gekennzeichnet sein, meist durch Anführungszeichen und kursive Schreibweise.

Eine häufige Frage betrifft auch den Umgang mit der Häufigkeit von Nennungen. Letztlich geht es darum, deutlich zu machen, ob eine Aussage nur von einer Person oder von nahezu allen InterviewpartnerInnen getroffen wurde. Hier ist es hilfreich, etwa folgende Formulierungen zu verwenden:

> „Fast alle Interviewten ...",
> „Die Mehrzahl der Interviewten ...",
> „Eine Einzelaussage bestand darin ..." oder
> „Ein kleiner Teil der Befragten meinte ..."

5 Vergleichende Analyse und Typenbildung

Nun ist es sinnvoll, sich wieder die gewählte Samplingstrategie, also die Entscheidung, nach welchen Kriterien die befragten Personen ausgewählt wurden, zu vergegenwärtigen und diese Unterschiede für die Auswertung zu nutzen. Wenn etwa MitarbeiterInnen und Führungskräfte befragt wurden, ist es naheliegend, die unterschiedlichen Perspektiven als Ordnungsform zu nutzen. Zum Beispiel:

> Wahrnehmung der Gesprächskultur aus Sicht der Mitarbeiterinnen;
> Wahrnehmung der Gesprächskultur aus Sicht der Führungskräfte.

Bei der Auswertung dann geht es also darum, Gemeinsamkeiten und Unterschiede in der Sichtweise auf den Forschungsgegenstand herauszuarbeiten.

Hier bewährt es sich, alle potenziellen Unterschiede, die im Sampling repräsentiert sind (Geschlecht, Alter, unterschiedliche Funktion, unterschiedlicher Zugang zum Forschungsthema, z. B. Technologieinteressierte versus technikkritische Personen bei einer Untersuchung zur Bedeutung sozialer Netzwerke im Freizeitverhalten), aufzuschreiben und zu überprüfen, ob hier relevante Unterschiede im Datenmaterial hinsichtlich dieser Gruppen bestehen.

Neben den schon in der Forschungsfrage bzw. in der Samplingstrategie angelegten Unterschieden, die sich für eine vergleichende Analyse anbieten, ist es besonders interessant, hier induktiv vorzugehen und neue Typen aus dem Material zu extrahieren. Bei der Typenbildung werden aufgrund von Ähnlichkeiten in ausgewählten Merkmalsausprägungen Objekte zu Typen zusammengefasst (Kuckartz 2010). Es wird also das Charakteristische herausgearbeitet, Besonderheiten und Abweichungen werden dabei eher ausgeblendet.
Um aus dem empirischen Material „Typen" abzuleiten, wird

> das Material auf Einzelfallebene dahingehend untersucht, ob es Gruppen (z. B. mehrere interviewte Personen) gibt, die gemeinsame Eigenschaften und Merkmale aufweisen (z. B. Gruppen mit unterschiedlichen Motivationsausgangslagen und Grundaffekten gegenüber einer Intervention: „skeptisch" – „neutral" – „neugierig-optimistisch");
> anschließend überprüft, ob innerhalb dieses Typus von anderen Unterschieden (z. B. Geschlecht, Alter etc.) abstrahiert werden kann;
> versucht, die Typen zu charakterisieren und zu beschreiben, was das Typische an ihnen und wodurch diese Gruppe gekennzeichnet ist (z. B. bezeichnen sich „neugierig-optimistische" Interviewpersonen selbst als veränderungsoffen, sind in aller Regel gut über die Intervention informiert und gehen durchgehend davon aus, dass die Intervention zu einer Verbesserung der Situation beitragen kann);
> zuletzt werden die einzelnen Fälle den Typen zugeordnet.

Im nächsten Schritt eignen sich die Typen auch für weitere vergleichende Analysen in anderen Kategorien, etwa um die Frage zu beantworten, ob unterschiedliche Motivationslagen zu unterschiedlichen Bewertungen dieser Intervention führen. In der diesen Beispielen zugrunde liegenden (Evaluierungs-) Studie war der Kausalbezug anders als vermutet: Die „neugierig-optimistische" Gruppe bewertete die Intervention nicht – wie anzunehmen war – tendenziell positiver, sondern aufgrund der für sie zu wenig weitreichenden

Konsequenzen, die damit verbunden waren, eher kritischer. Die „SkeptikerInnen“ wiederum bewerteten die Intervention retrospektiv deutlich positiver, da deren Befürchtungen überwiegend nicht eingetreten sind (*„war eigentlich doch besser und sinnvoller, als befürchtet“*).

6 Interpretation und Deutung des Datenmaterials

Wenngleich die rein deskriptive strukturierte Darstellung der von GesprächspartnerInnen geäußerten Inhalte alleine schon zu interessanten Resultaten führt, ist es notwendig, diese Ergebnisse auch zu interpretieren.

Grundsätzlich ist Interpretation kein Spezifikum qualitativer Forschung, auch bei quantitativen Verfahren ist die Interpretation von Ergebnissen, etwa um Erklärungen für Mittelwertunterschiede verschiedener sozialer Gruppierungen zu finden, notwendig. Dennoch hat die Interpretation gerade in der qualitativen Forschung einen besonders hohen Stellenwert. Dabei gibt es allerdings große Unterschiede zwischen verschiedenen qualitativen Auswertungsmethoden bezüglich des Stellenwerts, den die Interpretation hat. Während bei einzelnen Methoden, wie der qualitativen Inhaltsanalyse, die vertiefende Interpretation einzelner Textstellen oft nur punktuell vorgenommen wird, steht bei anderen Ansätzen, wie etwa der Objektiven Hermeneutik und der Grounded Theory, die ausführliche Interpretation von oft sehr kurzen Textbausteinen sowie die Suche nach der „dahinterliegenden“ latenten Struktur im Zentrum (vgl. Abschnitt 5).

Bei vielen soziologischen interpretativen Verfahren wird davon ausgegangen, dass sich Gesellschaft in allen kommunikativen Akten manifestiert – und damit auch in jedem einzelnen Textausschnitt. Die einzelne Textstelle ist, wie ein Fraktal (vgl. Kasten unten), in dem sich in den kleinen Elementen auch immer das große Ganze der Gesellschaft widerspiegelt.

Fraktale Logik

Unter Fraktale werden in der Physik Objekte verstanden, in denen die einzelnen kleinen Elemente eine ähnliche Struktur wie das Gesamtsystem haben („Selbstähnlichkeit“). So etwa hat die Struktur eines einzelnen Astes eine Ähnlichkeit mit der Struktur eines – überwiegend aus Ästen zusammengesetzten – Baumes. Auch in sozialen Zusammenhängen lassen sich fraktale Logiken beobachten: So ähnelt der Organisationsaufbau von Schulen (Direktion und eine formal kaum ausdifferenzierte

Großgruppe von schwer zentral steuerbaren LehrerInnen) der sozialen Formation der arbeitsbezogenen Kerneinheit, der Schulklassen (einzelne LehrerInnen und eine formal gar nicht ausdifferenzierte Großgruppe von schwer zentral steuerbaren SchülerInnen). Auch organisationskulturell lassen sich Entsprechungen finden.

Deshalb lassen sich grundsätzlich aus jeder beliebigen Textstelle spezifische Fragestellungen – etwa in welcher Weise Zuschreibungen erfolgen, wie sich Organisationskultur manifestiert oder welche Affektlagen mit einzelnen Begrifflichkeiten verbunden sind – herausinterpretieren. Dabei wird davon ausgegangen, dass für viele Forschungsfragen weniger der konkret geäußerte Sachinhalt von Interesse ist, sondern die dem Interviewten unbewussten, latenten Sachverhalte, die dadurch sichtbar werden.

Gerade bei gesellschaftlich aufgeladenen oder negativ konnotierten Themen, wie „Ausgrenzung“, „Rassismus“ etc., sind die direkten Antworten oft sehr angepasst und auf soziale Erwünschtheit ausgerichtet und die eigentlich spannenden Aspekte finden sich eher etwa darin,

> **wie** über einen Sachverhalt, eine Personengruppe oder eine Befindlichkeit gesprochen wird,
> **was** von den InterviewpartnerInnen als selbstverständlich vorausgesetzt wird,
> **worüber** nicht gesprochen wird, welche impliziten Normen hier vermittelt werden.

Umgekehrt gibt es aber auch üblicherweise positiv besetzte Themen, wie „Partizipation“, „Innovation“, „Veränderung“ etc. Hier sind konkrete Äußerungen von GesprächspartnerInnen oft sehr konzeptbasiert und sagen wenig über den realen Umgang mit dem Phänomen aus, eher werden Konzepte, zum Teil auch recht belanglose Plattitüden, referiert.

6.1 Auswahl von Textstellen für die Interpretation

Natürlich ist es forschungsökonomisch nicht möglich und auch nicht sinnvoll, alle Textstellen zu interpretieren. Es ist also notwendig, Textstellen auszuwählen, die vertiefend ausgeleuchtet werden sollen. Mögliche Entscheidungskriterien dafür können sein:

> **Plastische, emotionale oder metaphernreiche Ausführungen**
Einzelne Aussagen sprechen bei der Durchsicht oft spontan an, da sie

besonders plastisch, detailreich, vielleicht auch emotional gefärbt sind. Auch die Verwendung von Metaphern kann ein Auswahlkriterium für vertiefende Interpretationen sein.

> **Prägnante Differenzen**
Interpretationswürdig sind jedenfalls markante Unterschiedlichkeiten in den Äußerungen und Beschreibungen zwischen mehreren GesprächspartnerInnen. Gerade hier ist es ertragreich, zu Hypothesen zu kommen, was die Ursachen dieser unterschiedlichen Beschreibungen sein könnten.

> **Irritationen**
Bei der Befassung mit dem Datenmaterial stößt man immer wieder auf überraschende, konterintuitive oder unverständliche Aussagen und auf Passagen, die irritierend, eigenartig oder auch schlicht unverständlich für die ForscherInnen sind. Diese Textpassagen und Äußerungen, in denen Unterschiede zwischen deren Verständnis seitens der ForscherInnen und den Äußerungen der Befragten wahrzunehmen sind, sind es wert, vertiefend ausgeleuchtet zu werden.

> **Anfangssequenzen**
Gerade der Beginn von Interviews stellt eine verdichtete Gesprächssituation dar: Oft werden die zentralen Einstellungen bereits hier explizit, aber eben auch implizit durch die GesprächspartnerInnen angesprochen. Anfangssequenzen können eine „Ouvertüre" sein, in der bereits alle folgenden Themen und Ausführungen zum Vorschein kommen wurden.

Beispiel für eine dichte Anfangssequenz

I: *Dann beginnen wir mal; also, wie haben Sie von der Maßnahmen eigentlich überhaupt erfahren?*
A: *Na ja, also, ich find das ja eigentlich sehr gut, dass da was gemacht wird, also grundsätzlich; Aber die Leute, die sind halt (...) Na ja, ich weiß nicht, ob das von allen richtig verstanden wird oder nicht eher (...). Also bei der Präsentation, (...) das war schon ganz überraschend, weil wir haben ja davor gar nichts gehört (...) da hat das ja super gewirkt und grundsätzlich bin ich da sehr dafür, aber ich hab mir schon gedacht; also viele haben sich gedacht: Kann das so funktionieren? Und warum erst jetzt das vorgestellt wird? Und dann schon alles so konkret. Aber uns fragt man halt da nicht; na ja, die Präsentation war jedenfalls sehr professionell.*

In dieser kurzen Passage werden schon die Grundthemen, die im weiteren Interviewverlauf immer wieder auftauchen und konkretisiert werden, angesprochen:

> Der mehrmalige mit gewisser Vehemenz vorgebracht Hinweis, *„es grundsätzlich gut zu finden“*. Möglicherweise steht dahinter auch ein Loyalitätskonflikt: Man möchte zwar grundsätzlich die Maßnahme unterstützen, gleichzeitig besteht aber eine Skepsis, was das Vorgehen betrifft.

> Eine Unsicherheit, wie *„die Leute das verstehen“*, wobei es unklar bleibt, inwiefern es tatsächlich nur eine Beschreibung der Stimmung anderer *„Leute“* ist oder wie sehr hier primär eigene Vorbehalte artikuliert werden *(„ich hab mir schon gedacht; also viele haben sich gedacht“)*, möglicherweise auch beides.

> Vielleicht ein resignierter Ärger darüber, offensichtlich nicht einbezogen und vor vollendete Tatsachen gestellt worden zu sein.

> Die Wahrnehmung einer professionellen Präsentation, die *„super wirkt“* (aber möglicherweise nicht „super“ ist).

> Vielleicht ein Ohnmachtsgefühl, Vorbehalte gegenüber der **„super wirkenden“**, *„professionellen“* Präsentation, *„wo schon alles ganz konkret ist“*, man möglicherweise also nichts mehr verändern kann.

Für die Interpretation einzelner Textstellen ist es sinnvoll, sich mit folgenden Fragen zu befassen:

> **Was wird inhaltlich gesagt?**
Hier geht es darum, ganz eng am Wortlaut der Äußerung – bewusst ohne den Kontext der gemachten Aussage zu berücksichtigen – zu paraphrasieren, also inhaltlich sinngemäß zu umschreiben.

> **Welche sprachlichen Besonderheiten treten in der Äußerung auf?**
Oft sind lange Schweigephasen, Lachen, Versprecher oder Unterbrechungen auffallend und interpretationswürdig. Unbewusste Inhalte sind oft eher in vermeintlichen Belanglosigkeiten zu finden und weniger in den großen, bewusst gesetzten Argumentationssträngen. Das setzt allerdings eine genaue Transkription voraus!

> **Wie kann diese Aussage im Kontext der konkreten Person interpretiert werden?**
Dazu können andere Textstellen aus demselben Interview oder auch das Kontextwissen zu einem vertiefenden Verständnis herangezogen werden.

> **Was wird über den spezifischen sozialen Kontext deutlich?**
Diese Frage ist gerade in der Organisationsforschung, in der oft Gespräche

mit Personen als RepräsentantInnen eines sozialen Systems, wie etwa eines Unternehmens, geführt werden, besonders interessant. Hier ist es wichtig, von der konkreten Person zu abstrahieren und mit der Grundannahme heranzugehen, dass in dieser Äußerung eine soziale Realität der jeweiligen Organisation deutlich wird.

> **Was wird gesamtgesellschaftlich durch die Äußerung sichtbar?**
  Hinter dieser Frage steht die Grundannahme, dass sich in jeder Äußerung auch gesellschaftliche Strukturen und Normen manifestieren. Gerade für soziologische Fragestellungen ist diese Interpretationsrichtung besonders wesentlich.

> **Welchen Einfluss hat die Gesprächsdynamik?**
  Manche Äußerungen sind weniger Ausdruck der inhaltlichen Meinung, auch nicht notwendigerweise eines latenten, gesellschaftlichen strukturellen Sinns, sondern eher durch die unmittelbare Gesprächsdynamik zwischen InterviewerIn und Interviewten erklärbar, etwa Profilierung oder Verteidigungsstrategien, Verlegenheit gegenüber der InterviewerIn etc.

> **Welche Resonanzen und Gefühle löst die Textstelle bei den ForscherInnen aus?**
  Um die eigene Befindlichkeit und die eigenen Resonanzen auch als Erkenntnisquelle zu nutzen, macht es Sinn, sich die Affekte, den Ärger, die Verwirrung oder die Solidarisierungstendenzen von ForscherInnen mit einer einzelnen Aussage bewusst zu machen. Gerade diese Erkenntnisse, die auf einer kontrollierten Introspektion basieren, können zu ganz neuen Gesichtspunkten führen.

Generell gilt es dabei einige Grundprinzipien zu beachten:

> Um zu schlüssigen Interpretationen zu kommen, ist es hilfreich und notwendig, eine möglichst große Anzahl an Interpretations- und Deutungsmuster zu entwickeln. Dabei ist es wichtig, sich nicht mit der ersten, naheliegend erscheinenden Interpretation zufrieden zu geben, sondern, im Gegenteil, sich ein möglichst vielfältiges und variantenreiches Verständnis des Textes durch ein „angestrengtes" und intensives Befassen mit dem Text anzueignen. Mehrere Interpretationen können und sollen parallel weiterverfolgt werden.

> Interpretation benötigt ausreichend Zeit! Während viele Arbeitsschritte in Forschungsprozessen relativ klar planbar und klare Zeitlimits hilfreich sind, benötigt die Interpretationen einen gewissen offenen Zeitraum, um

überhaupt erst in einen Interpretationsfluss zu kommen und die Möglichkeit zu haben, verschiedenen Fährten zu folgen. Hier sind enge Zeitlimits konterproduktiv. Auch und gerade im Bewusstsein, dass „ausreichend Zeit“ ein Luxusgut unserer Tage ist, ist es qualitätsentscheidend, für die Interpretation einen ausreichenden zeitlichen Puffer einzuplanen.

> Der Sinn einer einzelnen Textstelle soll nicht von außen durch theoretische Vorannahmen an den Text herangetragen werden, sondern aus dem Gegenstand heraus entwickelt werden. Dabei ist allerdings die Paradoxie zu beachten, dass wir stets mit einem gewissen theoretischen Vorverständnis an Textinterpretationen herangehen. Dennoch gilt es gerade für die Interpretation, möglichst „theoriefrei“ an den Text heranzutreten und sich möglichst wenig von konzeptbasierten Vorannahmen leiten zu lassen.
> Die Interpretationen sollen immer mit anderem Datenmaterial verglichen werden und es soll gezielt nicht primär nach bestätigenden, sondern eher nach widersprechenden Textstellen gesucht werden. Aufgefundene Widersprüche sind Ausgangspunkte neuer Interpretationen. Die bisherigen Interpretationen werden neu akzentuiert oder differenzieren sich auch. Aus diesem neuen, vertieften Verständnis erfolgt schließlich ein umfassenderes Verständnis des gesamten Datenmaterials, auf dessen Basis erneut Interpretationen vorgenommen werden können. Dieses zirkuläre Vorgehen, das zwischen Gesamtverständnis und vertiefender Interpretation einzelner Textstellen oszilliert, nennt man „hermeneutischen Zirkel“.
> Gerade in der Phase der Interpretation ist es hilfreich, das Protokoll mit den eigenen Vorhypothesen (vgl. Punkt 1 dieses Abschnitts) immer wieder heranzuziehen, um sicherzustellen, dass die eigenen Vorannahmen nicht unreflektiert in die Teststelle „hineingelesen“ werden.
> Konsequent Sinn und positive Absicht unterstellen: Wir können davon ausgehen, dass alle GesprächspartnerInnen gute Gründe für ihre Sichtweise haben. Gerade bei Textstellen mit Aussagen, die den Vorannahmen oder dem Wertesystem der ForscherInnen nicht entsprechen, ist es hilfreich, diese nicht vorschnell als „Widerstand“, „Unaufgeklärtheit“ oder „Uninformiertheit“ abzutun, sondern gerade hier empathisch nach den guten, subjektiv sinnvollen Gründen für die Argumentationslinie zu suchen.
> Interpretationen sollten von einem respektvollen Zugang zum Forschungsfeld geprägt sein. Gerade beim Interpretieren können leicht „die Pferde mit einem durchgehen“ und ForscherInnen sich in intellektuell zwar

äußerst stimulierende Interpretationen, die sich aber immer weiter vom Gegenstand entfernen, verbeißen. Auch wenn es der Anspruch von Forschung ist, nach Interpretationen jenseits des Alltagsverständnisses zu suchen und möglicherweise auch latente Strukturen sichtbar zu machen, die den konkreten Gesprächspartner in dieser Form nicht bewusst sind, ist es sinnvoll, sich gelegentlich vorzustellen, wie die GesprächspartnerInnen auf die Interpretation reagieren würden, quasi als imaginierte „kommunikative Validierung" (vgl. Abschnitt 1, Punkt 3.3). Auch wenn damit das Risiko verbunden ist, dass diese Vorstellung den ungebremsten assoziativen Interpretationsfluss behindern könnte, unterstützt es dabei, dass die Interpretationen Bodenhaftung behalten und nicht „abheben". Eine Balance aus kritischer, unvorsichtiger „Frechheit" und einer gewissen bescheidenen Demut gegenüber dem Datenmaterial ist ein passender Zugang.

- Generell muss konsequent darauf geachtet werden, dass für die LeserInnen klargestellt wird, was Darstellung des Datenmaterials („Deskription") und was Interpretation ist. Dabei gibt es unterschiedliche Darstellungsformen: Entweder erfolgt in einem ersten Teil die strukturierte Darstellung des gesamte Materials und in einen zweiten Teil die vertiefende Interpretation. Für den Lesefluss ist es oft angenehmer und plausibler, die Interpretation unmittelbar bei der Ergebnisdarstellung vorzufinden. Gerade hier ist es besonders bedeutsam sicherzustellen, dass die Unterscheidung zwischen der rein ordnenden Darstellung und der letztlich immer subjektiven Interpretation transparent bleibt.
- Zuweilen kann es auch wichtig sein, Dinge zu interpretieren, die *nicht* gesagt wurden. Das ist insofern methodologisch paradox, da über etwas nachgedacht werde muss, wozu empirisch gar kein Datenmaterial vorliegt. Naheliegend ist es etwa dann, wenn bei einer offenen Interviewanlage Themen, mit denen im Zuge der Vorüberlegungen fix gerechnet wurden, nicht ohne explizites Nachfragen angeschnitten werden. Oder wenn auf einzelne konkrete und sehr direkte Fragen gar nicht oder nur ausweichend geantwortet wird.
  Natürlich begibt man sich hier bei der Interpretation auf „dünnes Eis" und es ist gerade in diesen Fällen besonders wichtig, die Interpretationen sehr transparent und plausibel argumentativ darzustellen.

Beispiel zur „Interpretation des Unausgesprochenen"

In einer Studie über die Folgen von Teilzeitarbeit im Alltag von Unternehmen werden Führungskräfte befragt. Dabei werden differenzierte Erfahrungen mit positiven, aber auch negativen Folgen von Teilzeit durch die befragten Führungskräfte berichtet.
Allerdings wird ein erwartetes Thema, nämlich ob es real Konflikte zwischen MitarbeiterInnen aus diesen Grund (etwa wegen Mehrarbeit, Schwierigkeiten der Abstimmung etc.) gibt, bei keinem (!) der Interviews aktiv angesprochen, und bei der Nachfrage erfolgen durchwegs knappe Antworten, dass es grundsätzlich keine Konflikte deswegen gäbe.
Einige mögliche Interpretationen davon wären:

> Es gibt tatsächlich rund um das Thema in den konkreten Unternehmen keine Konflikte, was möglich (aber unwahrscheinlich) ist.
> Die Konflikte sind so klein, dass Sie gar nicht als „Konflikt" (was ja doch ein eher dramatischer Begriff ist) wahrgenommen werden.
> Die Konflikte werden in den Teams autonom gelöst und bleiben so für die befragten Führungskräfte „unsichtbar".
> Es gibt zwar Konflikte, aber die befragten Führungskräfte sind zu weit vom operativen Teamalltag entfernt, um diese wahrzunehmen.
> Die befragten Führungskräfte wissen sehr wohl von – möglicherweise auch schwierigen – Konflikten, sind aber in der Interviewsituation nicht bereit, so tiefe Einblicke in die sozialen Prozesse ihrer Organisation zu gewähren. Während über strukturelle Herausforderungen sehr offenherzig berichtet werden kann, besteht kein ausreichendes Vertrauen zu den ForscherInnen, um Teaminterna „auszuplaudern".

Nach erneuter, auf diese Fragestellung fokussierter Durchsicht des ganzen Datenmaterials scheint vor allem die letzte Hypothese besonders plausibel zu sein. Deshalb wird im Bericht

> der Umstand, dass es dazu keinen Aussagen gibt deskriptiv dargestellt,
> werden unterschiedliche Hypothesen dazu – auch theoretisch angereichert – aufgestellt und die aus Forschungssicht plausibelste genauer ausgeführt und argumentiert.
> Nicht zuletzt werden Überlegungen angestellt, in welcher Weise man der Frage nach den Konflikten noch methodisch nachgehen könnte (z. B. durch Interviews mit den MitarbeiterInnen selbst, vielleicht mit ehemaligen MitarbeiterInnen, anderen Fragen im Interviewleitfaden, Beobachtungen etc.).

- Es ist nicht möglich, die eine richtige, finale Interpretation zu finden; es sind immer unterschiedliche Lesarten und Interpretationen möglich. Hier gilt es möglichst plausible, schlüssige, nachvollziehbare, mit der Theorie in Beziehung gesetzte, robuste Interpretationsvorschläge aus dem Textmaterial zu generieren.
- Das Ergebnis der Interpretation sind somit Hypothesen und wir erinnern uns daran, dass qualitative Forschung oft das Ziel hat, neue Hypothesen zu generieren (vgl. Abschnitt 1, Punkt 2.1).
- Wichtig für das Bilden von Hypothesen im qualitativen Auswertungsprozess ist es, sich dabei immer bewusst zu sein, dass Hypothesen nicht die Wirklichkeit, sondern eine subjektiven Deutung sind. Dementsprechend ist Orientierung am Konjunktiv, der Möglichkeitsform, eine passende Herangehensweise beim Bilden von Hypothesen („Die Gründe *könnten* auf x oder auch auf y zurückzuführen sein. Am plausibelsten scheint aber z zu sein, weil ...").
- Was auf die gesamte qualitative Forschung zutrifft, ist für die Interpretation besonders wichtig. Nämlich dass diese zwar regelgeleitet stattfinden soll, aber dennoch nicht durch die strikte Einhaltung eines klar definierten Regelwerks zum Erfolg führt. Die Qualität der Interpretation ist in hohem Maße von der Kreativität, Offenheit, Fantasie und dem Einfühlungsvermögen der ForscherInnen abhängig. Interpretation ist letztlich „datenbasierte Intuition" (Reischmann 2003, S. 234).
- Abgeschlossen ist die Interpretation, wenn das Verständnis zunehmend kohärent wird und dadurch eine „theoretische Sättigung" erreicht ist (vgl. Abschnitt 7).

7 Verdichten des Materials und generalisierende Überlegungen ableiten

Nach den bisherigen Auswertungsschritten hat man im Idealfall ein gut strukturiertes und an einzelnen Datenpunkten vertieft interpretiertes Material. Eine herausfordernde Arbeit besteht nun darin, hier aus der Vielfalt des facettenreichen Datenmaterials die wichtigsten Aspekte herauszuarbeiten und zu verdichten. Hier ist es nützlich, bereits bei den Grob- und auch bei den Feinkategorien Zusammenfassungen zu schreiben. Dadurch verpflichtet man sich selbst, das Wichtige vom zwar Interessanten, aber doch weniger Wichtigen zu unterscheiden. Das bedeutet, sich zunehmend vom Facettenreichtum des

Datenmaterials zu lösen und die Quintessenz und die wesentlichen Ergebnisse prägnant herauszuarbeiten.

Bei der sprachlichen Darstellung der finalen Studie ist es wichtig, sich wieder zu vergegenwärtigen, wer die AdressatInnen der Arbeit sind. Geht es um ein wissenschaftliches Zielpublikum oder um AuftraggeberInnen mit spezifischen Interessen? Oder handelt es sich um eine wissenschaftliche Abschlussarbeit, in der primär die Fähigkeit, wissenschaftlich sauber zu arbeiten, demonstriert werden soll und wo möglicherweise noch theoretische und methodische Vorlieben der Betreuerin/des Betreuers mitberücksichtig werden sollen? Oder soll – leider selten genug – eine breitere Leserschaft von wissenschaftlichen Laien über die Ergebnisse informiert und dadurch inspiriert werden?

Je nach primärer Zielgruppe wird es beträchtliche Unterschiede geben, v. a. hinsichtlich

- der Verwendung einschlägiger Fachbegriffe,
- dem generellen Sprachstil,
- der Ausführlichkeit der Darstellung des methodischen Vorgehens,
- der Bedeutung von Literaturbezügen bei der theoretischen Fundierung[11] und
- der Deutlichkeit, mit der praktische Konsequenzen, eventuell sogar Ratschläge (etwa im Rahmen von Evaluierungen), herausgearbeitet werden müssen.

Bei vielen Arbeiten, gerade von wissenschaftlichen EinsteigerInnen, krankt es stilistisch daran, dass – zum Beginn von wissenschaftlichen Sozialisationsprozessen auch nachvollziehbaren und legitimen – Unsicherheiten zuweilen durch eine überzogene „pseudowissenschaftliche“ Sprache mit hochtrabenden Begriffen auszugeichen versucht wird. Das führt oft zu stilistisch sehr wenig befriedigenden Ergebnissen. Eine einfache, klare und präzise Sprache und ein gründliches, aber durchaus alltagsnahes Nachdenken darüber, wie ein Phänomen angemessen ausgeleuchtet und beschrieben werden kann, sind hier eine hilfreiche Leitlinie.

11 Wobei bei grundsätzlich allen Ergebnisdarstellungen, unabhängig vom Adressaten, auf eine konsequente Anwendung der wissenschaftlichen Zitationsregeln (vgl. z. B. Deutsche Gesellschaft für Psychologie 2007) geachtet werden muss. Die Zitationsregeln sind ja nicht einfach ein wissenschaftliches Ritual, sondern dienen der Transparenz und Nachvollziehbarkeit der verwendeten Quellen.

Spätestens zu diesem Zeitpunkt geht es darum, den Brückenschlag zur bestehenden Theorie herzustellen. Während Kategorienbildung und Interpretation primär durch ein offenes, materialnahes und „theoriefreies" Herangehen gekennzeichnet sind, gilt es in einer abschließenden Diskussion eine Bezug zum bestehen theoretischen Wissen zur Forschungsfragen herzustellen und Gemeinsamkeiten und Gegensätze zu den Ergebnissen anderer Studie herauszuarbeiten. Hier werden weiterführende Fragen, aber auch Erkenntnisgrenzen der eigenen Arbeit aufgezeigt.

Ein häufiges Produkt von qualitativen Studien können differenzierte, aus dem Datenmaterial abgeleitete generalisierende Hypothesen sein, also verallgemeinerbare Aussagen über ein Phänomen, die sich aus der Auswertung plausibel ableiten lassen. Anders als bei quantitativen Forschungsstrategien, bei denen es in der Regel um die Überprüfung von aus der Theorie abgeleiteten Hypothesen geht, verfolgt qualitative Forschung neue begründbare Hypothesen über den Gegenstand des Forschungsprozesses.

7 Forschung abschließen und wirksam machen

Egal mit welcher Methode die Auswertung durchgeführt wurde, es gilt einen Schlusspunkt für den Auswertungsprozess zu finden. Wann dieser Zeitpunkt gekommen ist, wann die Erhebungsschritte ausreichend umfangreich waren und abgeschlossen sind, wann das Datenmaterial ausreichend verdichtet und interpretativ ausgewertet und diskutiert wurde, ist dabei gar nicht so einfach zu definieren. Wir erinnern uns, in der qualitativen Forschung sind die Phasen der Datenerhebung und der Auswertung ja nicht klar voneinander getrennt, sondern zirkulär miteinander verbunden. Es kann also auch sinnvoll und notwendig sein, dass nach einer ausführlichen Auswertung noch weitere gezielte Erhebungsschritte durchgeführt werden (vgl. Abschnitt 2).
Oft sind es in der Praxis pragmatische Entscheidungen, die hier den Ausschlag geben können, etwa

> eine gewisse Interviewanzahl, die für eine wissenschaftliche Abschlussarbeit notwendig ist,
> ein Abgabetermin oder ein Zeitpunkt, der durch Förder- oder AuftraggeberInnen vorgegeben worden ist oder
> schlicht das Ende des Projektbudgets.

Wenn diese pragmatischen Gründe beiseitegelassen werden, lässt sich der passende Zeitpunkt des Abschließens methodisch über den Begriff der „theoretischen Sättigung" definieren. Das heißt, wenn durch neue Erhebungsschritte, Feinstrukturierungen und Reflexionsschleifen keine oder kaum mehr neue Facetten und Interpretationen entstehen, sondern sich die bisherige Lesart nur noch bestätigt und sich bestenfalls minimal ausdifferenziert, kann von einem theoretischen Sättigungsgrad und dem methodisch passenden Zeitpunkt zum Abschließen der Arbeit ausgegangen werden.

Der theoretische Sättigungsgrad ist allerdings nicht formal begründbar, sondern ist – wie vieles in der qualitativen Forschung – letztlich eine subjektive Einschätzung, die aber nicht willkürlich erfolgt, sondern plausibel und intersubjektiv nachvollziehbar zu sein hat. Der Übergang zwischen einer „echten" Sättigung, weil alles, was möglich war, aus dem Material herausgeholt worden ist, und der Erschöpfung oder dem Überdruss der Forschenden sind fließend. Gerade für das Abschließen ist es hier wichtig innezuhalten und selbstkritisch zu reflektieren, welche Motivationslagen zum Abschluss bewegen. Sind es formale Gründe, ist es Erschöpfung oder ist es tatsächlich der Eindruck, das Material ausgereizt zu haben?

Letztlich ist der Abschluss der Auswertung immer eine Entscheidung, die zu treffen ist, und damit auch ein Abschiednehmen. Das Wort „Entscheiden" hat nicht ganz zufällig eine Nähe zum Begriff „Scheiden" im Sinne von Trennen, Verabschieden (vgl. Zepke & Heimerl 2014), also sich von den Möglichkeiten, die das Datenmaterial vielleicht doch noch bieten würde, von alternativen Auswertungsstrategien etc. zu verabschieden. Deshalb hat Abschließen nicht nur etwas Erleichterndes, sondern oft auch eine melancholische Note und ist auch aus psychologischen Gründen zuweilen schwierig: Gerade bei intensiven und gelungenen Auswertungsphasen kann es zu einem stimulierenden „Flow" kommen, bei dem man sich trotz aller Mühe sehr lustvoll und facettenreich in das Datenmaterial vertieft und immer neue Aspekte zum Vorschein kommen. Die Forschung abzuschließen heißt auch Abschied nehmen vom lustvollen Aspekt des Forschungsprozesses sowie von den potenziellen Möglichkeiten, die noch im Datenmaterial schlummern könnten.

Abschließen bedeutet, sich von dieser intensiven Befassung zurückzuziehen und eher mit einem zunehmend distanzierten sowie auf formale Darstellungskriterien fokussierten Blick über den Gesamtbericht zu schauen. Es heißt aber auch, sich mit den Grenzen und Unzulänglichkeiten, die in jeder Arbeit unvermeidlich vorhanden sind, auszusöhnen.

1 Wirksamkeit von Forschung in der Praxis

Egal ob es sich um eine wissenschaftliche Abschlussarbeit, ein umfangreiches Grundlagenforschungsprojekt oder eine beauftragte Evaluierungsstudie handelt, Forschung ist nie Selbstzweck, sondern soll gesellschaftlich wirksam werden. Die Ergebnisse sollen der kritischen gesellschaftlichen Selbstaufklärung dienen, aber auch Hinweise für eine differenziertere handelnde Praxis liefern. Für jeden Forschenden ist wohl die Vorstellung erschreckend, dass die Ergebnisse, die mit so viel Aufwand entwickelt wurden, ungelesen und wirkungslos in Schubladen abgelegt werden. Gleichzeitig ist die Art und Weise, wie die Ergebnisse einer Untersuchung an relevante Interessengruppen rückgekoppelt werden, in Forschungsprozessen, egal ob qualitativ oder quantitativ, ein häufig vernachlässigter Faktor.

Eine naheliegende Form, die Ergebnisse breiter zu streuen, ist es, diese zu veröffentlichen, idealerweise sowohl in einem passenden wissenschaftlichen Fachjournal – adressiert an die Scientific Community – als auch in Medien, die auch von PraktikerInnen gelesen werden. Paradoxerweise führt aber gerade die Schriftlichkeit als das Medium, das prädestiniert erscheint, Dauer und Kontinuität der Wirkung sicherzustellen, dazu, dass Forschung häufig seine

Wirkung nicht entfaltet. Gerade umfangreiche schriftliche Berichte und Texte führen in einer Zeit der Informationsüberflutung und der Zeitknappheit dazu, dass sie oft nicht oder nur oberflächlichen rezipiert werden.

Alleine auf die Wirkung von schriftlichen Berichten und Publikationen zu setzen ist in aller Regel unzureichend. Passender und effizienter ist es, zusätzlich interaktive Rückkoppelungssettings, in denen eine aktive Auseinandersetzung mit den Ergebnissen möglich ist, einzurichten. In diskursiver Form eine gemeinsame Sichtweise (die auch das Akzeptieren von Einschätzungsunterschieden beinhalten kann) zu entwickeln erhöht die Wahrscheinlichkeit, dass aus den Ergebnissen Konsequenzen gezogen werden. Ob hier ein Seminar, eine öffentliche Veranstaltung, ein Meeting mit den AuftraggeberInnen des Projekts oder etwa bei einer Evaluierungsstudie ein Workshop mit den Betroffenen das geeignete Setting ist, gilt es je nach Forschungsformat zu entscheiden.

Weiters ist es oft auch interessant, die Ergebnisse den Beforschten, etwa den InterviewpartnerInnen, zur Verfügung zu stellen, mit ihnen zu diskutieren, aber auch auf Plausibilität für sie als „ExpertInnen der Praxis" zu überprüfen. Insofern stellt die Rückkoppelung einen methodisch wichtigen Schritt zur „kommunikativen Validierung" (vgl. Abschnitt 1, Punkt 3.3) der Ergebnisse dar.

Für die Rückkoppelung ist es natürlich besonders wichtig, sich auf Sprache, Kultur und Denkstil der jeweiligen Zielgruppe einzulassen. Eine belehrende oder abgehobene wissenschaftliche Expertise kann zu Irritation und Abwehr führen – unabhängig von der „Richtigkeit" der Analyse.

Gleichzeitig kann die Abwehr der Ergebnisse und Konflikte im Zuge der Rückkoppelung auch gerade ein Ausdruck dessen sein, dass die Ergebnisse aussagekräftig sind und zentrale und damit eben auch kontroversielle Aspekte berührt werden. Deshalb ist eine moderierende Rahmung, die auch konflikthaften Auseinandersetzungen standhält, bei der Durchführung von interaktiv angelegten Ergebnispräsentationen bedeutsam. Die Abwehr von Ergebnissen kann aber natürlich auch schlicht und einfach die Reaktion auf unzulässige Schlüsse oder fehlerhafte Analysen sein.

Gerade bei Evaluierungen, die ja immer den Anspruch haben, zur Qualitätssteigerung einer Intervention beizutragen und eine Entscheidungsgrundlage für das weitere Vorgehen zu liefern, ist die soziale Rückkoppelung besonders wesentlich. Nachhaltige Veränderungsimpulse können durch Evaluierungsergebnisse nur dann gesetzt werden, wenn es soziale Events gibt, in denen die aus den einzelnen Erhebungsschritten zusammengeführten Ergebnisse präsentiert und diskutiert werden können. Ansonsten gibt es zwar möglicherweise interessante und anregende Reflexionsprozesse im Zuge der Erhebung, doch überdauern diese Ergebnisse nicht den Zeitpunkt ihrer Genese, verpuffen quasi und werden nicht organisational oder gar gesellschaftlich wirksam.

Nicht zuletzt stellt die Rückkoppelung auch eine Form des sozialen Abschlusses einer Forschungsaktivität dar. In der abschließenden Präsentation schließt sich der Kreis und die wissenschaftlich behandelten Fragen, die ja einen Praxisnutzen – der natürlich auch in einer unbequem-kritischen, differenzierten Betrachtung von nur vordergründig einfach erscheinenden Phänomen bestehen kann – stiften sollen, werden wieder dem praktischen Alltagshandeln überantwortet.

Ausblick

Die relevanten Themen, die uns in unserem gesellschaftlichen Alltag begegnen und betreffen, werden laufend komplexer und komplizierter: Neue Konfliktfelder treten politisch, ökonomisch, ökologisch, technisch-medial, aber auch in der sozialen Interaktion global im öffentlichen und im privaten Bereich auf. Die individuellen psychischen Strukturen und Identitätskonzepte werden brüchiger und „patchworkartig". Machtausübung, Disziplinierung und Ausgrenzung erfolgen zunehmend mittels subtileren und weniger eindeutig sichtbaren Mechanismen, bei denen wir uns oft in der verwirrenden Situation finden, zugleich Opfer und Täter zu sein.

Um in unserer Gesellschaft nicht nur zu funktionieren, sondern auch hinter die Fassade zu blicken, das praktische Tun kritisch zu reflektieren und vermeintlich Selbstverständliches zu dekonstruieren, dazu kann Wissenschaft einen wichtigen Beitrag leisten: Dazu braucht es wissenschaftliche Arbeiten, die nicht primär dem Absolvieren wissenschaftlicher Graduierungen und Karriereschritten dienen, sondern die darauf abzielen, kritisch und gesellschaftlich wirksam zu sein.

Um nachhaltige Antworten und Handlungsperspektiven für drängende Fragen unserer Zeit zu bekommen, müssen wir innehalten, genau hinschauen und reflektiert analysieren, dabei dürfen wir nicht nach schnellen Lösungen aus sein, sondern müssen versuchen, ein vertieftes Verständnis der widerspruchsreichen gesellschaftlichen Realität zu erhalten.

Qualitatives Forschen kann uns dabei helfen, uns auf Vieldeutigkeit und Widersprüche einzulassen und, bei aller Ernsthaftigkeit der Intention, spielerisch, offenherzig und neugierig einen differenzierten Blick auf die Alltagspraxis zu bekommen.

Ich hoffe, dass die Lektüre bei Ihnen Lust auf qualitative Forschung geweckt hat und dass der Versuch gelungen ist, für Ihre Forschungspraxis konkrete pragmatische Hinweise zu geben und zugleich ein grundlegendes Verständnis von qualitativer Forschung zu vermitteln: nämlich sich auf einen Forschungsprozess einzulassen, der

> durch ein kreatives, offenes und respektvoll-kritisches Annähern an den Forschungsgegenstand charakterisiert ist und
> zwar nicht rigide regelgeleitet, aber eben auch nicht willkürlich verläuft, sondern immer transparent, nachvollziehbar und kritisierbar – und damit wissenschaftlich – bleibt.

Literatur

Bohnsack, R. (2014). Rekonstruktive Sozialforschung. Einführung in qualitative Methoden. Opladen: Leske + Budrich (9. Aufl.)

Bortz, J. & Döring, N. (2006). Forschungsmethoden und Evaluation. Berlin: Springer (4., überarbeitete Aufl.)

De Shazer, St. (1999). Der Dreh. Überraschende Wendungen und Lösungen in der Kurzzeittherapie. Heidelberg: Carl-Auer-Systeme Verlag (6. Aufl.)

Deutsche Gesellschaft für Psychologie (2007). Richtlinien zur Manuskriptgestaltung. Göttingen: Hogrefe (3. Aufl.).

Devereux, G. (1984). Angst und Methode in den Verhaltenswissenschaften. Frankfurt am Main: Suhrkamp (Original 1973)

Dresing, Th. & Pehl, Th. (2010). Transkription. In: G. Mey, & K. Mruck (Hrsg.). Handbuch Qualitative Forschung in der Psychologie. Wiesbaden: VS Verlag für Sozialwissenschaften, S. 723–733

Eisner, E. W. (1991). The Enlightened Eye. Qualitative Inquiry and the Enhancement of Educational Practice. New York: Macmillan.

Flick, U. (2009). Qualitative Sozialforschung. Eine Einführung. Reinbek bei Hamburg: Rowohlt (2. Aufl.)

Flick, U., Kardorff, E. von & Steinke, I. (Hrsg.) (2009). Qualitative Forschung: ein Handbuch. Reinbek bei Hamburg: Rowohlt (7. Aufl.)

Foerster, H. von (1999). Sicht und Einsicht. Versuch zu einer operativen Erkenntnistheorie. Heidelberg: Carl-Auer-Systeme Verlag

Foucault, M. (1973). Archäologie des Wissens. Frankfurt am Main: Suhrkamp

Freitag, M. (2002). Open Space. In: S. Kühl & P. Strodtholz (Hrsg.). Methoden der Organisationsforschung. Ein Handbuch. Reinbek bei Hamburg: Rowohlt, S. 206–242

Froschauer, U. & Lueger, M. (2003). Das qualitative Interview zur Analyse sozialer Systeme. Wien: WUV

Girtler, R. (2001). Methoden der Feldforschung. Köln, Weimar, Wien: Böhlau (4. Aufl.)

Glaser, B. G. & Strauss, A. L. (1998). Grounded Theory. Strategien qualitativer Forschung. Bern: Huber (Original: 1967)

Gläser, J. & Laudel, G. (2010). Experteninterviews und qualitative Inhaltsanalyse. Wiesbaden: VS (4. Aufl.)

Holzer, B. (2006). Netzwerke. Bielefeld: transcriptverlag

Hopf, Ch. (2009). Qualitative Interviews – ein Überblick. In: U. Flick, E. von Kardorff & I. Steinke (Hrsg.). Qualitative Forschung: ein Handbuch. Reinbek bei Hamburg: Rowohlt (7. Aufl.), S. 349–359

Hug, T. & Poscheschnik, G. (2010). Empirisch Forschen. Die Planung und Umsetzung von Projekten im Studium. Konstanz: UVK Verlagsgesellschaft

Jansen, D. (2006). Einführung in die Netzwerkanalyse. Grundlagen, Methoden, Forschungsbeispiele. Wiesbaden: VS Verlag für Sozialwissenschaften (3., überarbeitete Aufl.)

König, H. D. (2009). Tiefenhermeneutik. In: U. Flick, E. von Kardorff & I. Steinke (Hrsg.). Qualitative Forschung: ein Handbuch. Reinbek bei Hamburg: Rowohlt (7. Aufl.), S. 556–568

Kuckartz, U. (2010). Typenbildung. In: G. Mey, & K. Mruck (Hrsg.). Handbuch Qualitative Forschung in der Psychologie. Wiesbaden: VS Verlag für Sozialwissenschaften, S. 553–568

Kuckartz, U., Dresing, Th., Rädiker, St. & Stefer, C. (2007). Qualitative Evaluation. Der Einstieg in die Praxis. Wiesbaden: VS Verlag für Sozialwissenschaften

Kühl, S. & Strodtholz, P. (Hrsg.) (2002). Methoden der Organisationsforschung. Ein Handbuch. Reinbek bei Hamburg: Rowohlt

Lamnek, S. (2005). Qualitative Sozialforschung. Lehrbuch Weinheim: Psychologie Verlags Union (4. Aufl.)

Leithäuser, Th., Volmerg, B. (1988). Psychoanalyse in der Sozialforschung. Eine Einführung. Opladen: Westdeutscher Verlag

Liebold, R. & Trinczek, R. (2002). Experteninterview. In: S. Kühl & P. Strodtholz (Hrsg.). Methoden der Organisationsforschung. Ein Handbuch. Reinbek bei Hamburg: Rowohlt, S. 33–70

Mayring, P. (2002). Einführung in die qualitative Sozialforschung. Weinheim und Basel: Beltz (5. Aufl.)

Mayring, P. (2010). Qualitative Inhaltsanalyse. Grundlagen und Techniken. Weinheim: Beltz (12. Aufl.)

Meuser, M. & Nagel, U. (1991). ExpertInneninterviews – vielfach erprobt, wenig bedacht. Ein Beitrag zur qualitativen Methodendiskussion.In: D. Garz & K. Krainer (Hrsg.). Qualitativ-empirische Sozialforschung. Konzepte, Methoden, Analysen. Opladen: Westdeutscher Verlag, S. 441–471

Mey, G. & Mruck, K. (Hrsg.) (2010). Handbuch Qualitative Forschung in der Psychologie. Wiesbaden: VS Verlag für Sozialwissenschaften

Oevermann, U., Allert, T., Konau, E. & Krambeck, J. (1979). Die Methodologie einer „objektiven Hermeneutik" und ihre allgemeine forschungslogische Bedeutung in den Sozialwissenschaften. In: H.-G. Soeffner (Hrsg.). Interpretative Verfahren in den Sozial- und Textwissenschaften. Stuttgart: Metzler, S. 352–433

Owen, H. (2001). Open Space Technology – Ein Leitfaden für die Praxis. Stuttgart: Klett-Cotta

Parker, I. (2009). Die diskursanalytische Methode. In: In: U. Flick, E. von Kardorff & I. Steinke (Hrsg.). Qualitative Forschung: ein Handbuch. Reinbek bei Hamburg: Rowohlt (7. Aufl.), S. 546–555

Patton, M. Q. (2002). Qualitative Evaluation and Research Methods. London: Sage (3rd ed.) (zitiert in Flick 2009)

Pfeffer, Th. (2001). Das „zirkuläre Fragen" als Forschungsmethode zur Luhmannschen Systemtheorie. Heidelberg: Verlag für Systemische Forschung im Carl-Auer-System Verlag

Przyborski, A. & Wohlrab-Sahr, M. (2010). Qualitative Sozialforschung. Ein Arbeitsbuch. München: Oldenbourg (3. Aufl.)

Przyborski, A. & Slunecko, Th. (2010). Dokumentarische Methode. In: G. Mey & K. Mruck (Hrsg.). Handbuch Qualitative Forschung in der Psychologie. Wiesbaden: VS Verlag für Sozialwissenschaften, S. 627–642

Reischmann, J. (2003). Weiterbildungs-Evaluation. Lernerfolge messbar machen. Neuwied: Luchterhand

Rogers, C. R. (1983). Die klientenzentrierte Gesprächspsychotherapie. Frankfurt am Main: Fischer

Schlippe, A. von & Schweitzer, J. (2000). Lehrbuch der systemischen Therapie und Beratung. Göttingen: Vandenhoeck & Ruprecht (7. Aufl.)

Scriven, M. (1991). Evaluation Thesaurus. Newbury Park: Sage (4th ed.)

Simon, F. B. & Rech-Simon, Ch. (1999). Zirkuläres Fragen. Systemische Therapie in Fallbeispielen: Ein Lernbuch. Heidelberg: Carl-Auer-Systeme Verlag (2. Aufl.)

Steinke, I. (2009). Gütekriterien qualitativer Forschung. In: U. Flick, E. von Kardorff & I. Steinke (Hrsg.). Qualitative Forschung: ein Handbuch. Reinbek bei Hamburg: Rowohlt (7. Aufl.), S. 319–331

Strauss, A. L. (1998). Grundlagen qualitativer Sozialforschung. Datenanalyse und Theoriebildung in der empirischen soziologischen Forschung. München: Fink (2. Aufl.)

Strübing, J. (2004). Grounded Theory. Zur sozialtheoretischen und epistemologischen Fundierung des Verfahrens der empirisch begründeten Theoriebildung. Wiesbaden: VS Verlag für Sozialwissenschaften

Szabo, E. (2000). Ethnografie – eine Methode auch für die Beratungspraxis. Zeitschrift für Organisationsentwicklung, 3/00, S. 4–13

Watzlawick, P. (1986). Vom Schlechten des Guten oder Hekates Lösungen. München: Piper

Wolff, St. (2009). Dokumenten- und Artefaktanalyse. In: U. Flick, E. von Kardorff & I. Steinke (Hrsg.). Qualitative Forschung: ein Handbuch. Reinbek bei Hamburg: Rowohlt (7. Aufl.), S. 502–513

Zepke, G. (1995). Belastungen und Bewältigungsstratgien von funktionalen AnalphabetInnen in Österreich. Wien: Unveröffentl. Dipl.-Arb.

Zepke, G. (2005). Reflexionsarchitekturen. Evaluierung als Beitrag zum Organisationslernen. Heidelberg: Carl-Auer-Systeme Verlag

Zepke, G. (2006). Reflexionsworkshop – ein Instrument zur Metaanalyse von Forschungsprozessen. In: E. Reitinger, K. Heimerl & A. Heller (Hrsg.). Ethische Entscheidungen in der Altenbetreuung – Mit Betroffenen Wissen schaffen. Wien: Kursbuch Palliative Care 11/2007, S. 167–177

Zepke, G. & Heimerl, K. (2014). Thema: Abschied. Vom Umgang mit dem Ende in Veränderungsprozessen. In: Zeitschrift für Organisationsentwicklung 2/14, S. 52–58